L'ALBUM DE LA TRACTION

L'ALBUM

Déjà parus dans la même collection :
- Les voitures françaises de 1920 à 1925
  par Pierre Dumont
- Le sang bleu. Soixante-dix ans
  d'histoire des voitures françaises de grand prix
  par Serge Bellu
- Trente ans de véhicules d'incendie
  en France (1945-1975)
  par André Horb et Jean-Étienne Martineau
- Cinquante ans de motocyclettes françaises
  par Dominique Pascal
- Soixante-quinze ans d'autobus en France
  par Daniel Tilliet et Christian Coullaud
- Les véhicules blindés français de 1900 à 1944
  par Pierre Touzin
- Les véhicules blindés français de 1945 à nos jours
  par Pierre Touzin
- Le GMC. Un camion universel
  par Jean-Gabriel Jeudy et Jean-Michel Boniface
- La Jeep. Un défi au temps
  par Jean-Gabriel Jeudy et Marc Tararine
- Dodge. Cinq générations de tous terrains
  2e édition, 1992
  par Jean-Gabriel Jeudy et Jean-Michel Boniface

Disponibles chez le même éditeur :
- L'album de la 2 CV
  par Fabien Sabatès
- L'album de la DS
  par Jacques Borgé et Nicolas Viasnoff
- Guide Citroën (1919-1945)
  par Olivier de Serres
- Guide Citroën (1946-1975)
  par Olivier de Serres
- Citroën. Tous les modèles
  par Olivier de Serres
- Le grand livre de la Traction avant (7-11-15-22)
  par Olivier de Serres
- Le grand livre de la DS
  par Olivier de Serres

Maquette Paul-Henri Moisan

DE LA TRACTION

jacques borgé et nicolas viasnoff

E/P/A
EDITIONS

SOMMAIRE

© ÉDITIONS E/P/A 1978
Tous droits réservés
Reproduction interdite
I.S.B.N. 2.85120.073.9
4e édition 1992

Chapitre I : Une naissance difficile — 6
1. André Lefebvre, le père de la Traction avant — 8
2. Conçue et réalisée en 18 mois — 10
3. Des prototypes aux essais — 14
4. La visite du Roi de Siam — 20
5. Son 1er concours d'élégance — 22
6. Le Salon d'octobre 1934 — 24
7. Premiers essais à Montlhéry — 30
8. Le magasin de l'Europe — 32
9. La chaîne de montage — 34
10. La « 7 » aurait dû être essayée ainsi... — 40

Chapitre II : Mille cabriolets — 46
11. Les cabriolets d'avant-guerre — 48
12. Comment j'ai retrouvé le cabriolet de l'actrice Margrete Wiby — 54
13. Deux petits cabriolets pour les princesses d'Angleterre — 56
14. Le cabriolet 15 de Robert Puiseux — 58
15. Des carrosseries spéciales — 59

Chapitre III : Elle fera toute la guerre — 62
16. L'avance allemande — 64
17. L'Occupation — 68
18. Des flottilles allemandes — 76
19. En Russie — 80
20. En Tunisie — 84
21. A Londres et dans le maquis — 88
22. La victoire — 94

Chapitre IV : En rallyes et en compétitions — 102
23. Les raids de François Lecot — 104
24. Les records de la Rosalie IX — 106
25. Les rallyes — 108

Chapitre V : La favorite des hommes politiques — 118
26. Le ballet de l'Élysée — 120
27. Le roi et le maréchal — 128
28. Le Général de Gaulle, un tractionniste passionné — 130

Chapitre VI : Petite chronique des événements quotidiens — 136

Annexes : 1 — Évolution des différents modèles de 1934 à 1957 — 190
          2 — Bibliographie — 217

I - UNE NAISSANCE DIFFICILE

La Traction avant fut conçue, essayée, mise au point
et lancée en fabrication de série en 18 mois!
Un record absolu dans l'histoire de l'automobile mondiale.
Lorsque le 15 mars 1933, André Lefebvre
est engagé au quai de Javel,
une extravagante course contre la montre s'engage.
André Citroën est aux prises avec une situation
financière catastrophique. La nouvelle voiture,
la 7, doit le sauver. La 7 sera donc révolutionnaire.
Et à toutes les innovations technologiques que propose André Lefebvre,

l'homme du quai de Javel exige en plus une boîte de vitesses automatique
mise au point par l'ingénieur brésilien Sensaud de Lavaud.
Un entêtement qui retardera d'autant la voiture.
Faute de temps, tous les essais sont bâclés.
En 1934, 1 500 voitures sont produites. Lorsque la 7 est officiellement
présentée au Salon de 1934, elle déclenche l'enthousiasme.
Mais elle ne marche pas.
Les premiers acheteurs ne connaîtront que des déboires.
Il faudra encore plus d'un an
pour que la Traction avant soit vraiment mise au point.
Mais André Citroën sera déjà dépossédé de son affaire.
Et quand il mourra, sa Traction avant, définitivement prête,
assurera la prospérité des Michelin
qui gèrent désormais le destin de son usine.

1 - André Lefebvre, le père de la Traction avant

André Lefebvre est né à Louvres (Val-d'Oise) le 19 août 1894. En 1915, il entre chez Gabriel Voisin où il met au point des avions de bombardement de nuit. En 1923, il commence une carrière de coureur automobile chez Voisin. Il l'abandonne rapidement après un accident survenu à Monza. Engagé chez Citroën en 1933, il fit toute sa carrière au quai de Javel pour le compte duquel il créa la Traction avant, la 2 CV et la DS. En 1956, il est frappé d'hémiplégie mais n'en continue pas moins ses travaux. Jusqu'à sa mort, survenue en 1963, les ingénieurs de chez Citroën viendront régulièrement prendre connaissance de ses dernières études jugées révolutionnaires.

André Lefebvre est photographié ici à la sortie des usines Voisin le 26 octobre 1927.

Hiver 1933. Un des premiers prototypes réalise des essais sur route. Noter la carrosserie hétéroclite. Phares et calandre sont sans doute des éléments de Rosalie. Un seul essuie-glace. Le pare-brise n'est pas centré et les ailes sont plus enveloppantes que sur le modèle définitif. La voiture est très « carrée », sans doute la tôlerie a-t-elle été faite à la main.

Certains ont affirmé que ce prototype FWD Budd de 1931, conçu par Joseph Ledwinka, a inspiré André Lefebvre. L'arrière, le pare-brise, le marchepied, les glaces, etc. sont tellement différents de la voiture de Lefebvre que cette filiation nous semble hautement improbable. Ce qui est certain, c'est que Budd aux États-Unis confectionna dès novembre 1933, tout l'outillage nécessaire à la réalisation de la carrosserie de la « 7 » (c'est déjà cette usine qui avait fourni l'outillage indispensable à la fabrication des Rosalie 8, 10 et 15 cv).

2 - Conçue et réalisée en 18 mois

Ce fascicule officiel en provenance des archives des usines Renault prouve qu'André Lefebvre quitta le bureau d'études de Renault le 15 février 1933. Il y était rentré après la faillite de Gabriel Voisin, le 4 mai 1931, comme adjoint du chef du bureau d'études, M. Serre.
Les historiens qui, jusqu'à présent, ont fait remonter le début de l'étude de la Traction avant à 1931, se sont donc trompés. André Lefebvre n'eut que 18 mois pour réaliser la « 7 ».
Ce document (ci-contre) nous permet de prendre J.-A. Grégoire en flagrant délit de contre-vérité historique. L'éminent historien qui se dit inventeur de la Traction avant (du système Traction avant ou de la voiture produite par André Citroën? J.-A. Grégoire joue en maître de cette ambiguïté de langage) affirme qu'André Lefebvre a « rencontré directement l'homme de Javel au début de 1931... Dans les jours qui suivent, Citroën embauche l'ingénieur et lui demande l'étude d'une petite Traction avant » (1). Ce qui est totalement faux puisque Lefebvre est engagé le 1er mars 1933 par André Citroën. A partir de cette erreur, J.-A. Grégoire échafaude une thèse surprenante : selon lui, André Lefebvre et son équipe eurent donc 3 ans 1/2 pour mettre au point la « 7 ». Et Grégoire d'affirmer que Lefebvre passa une bonne partie de ce temps « dans une atmosphère irrespirable... de rivalités et de clans » (2).
Bref, plutôt des querelles que du travail. La situation semblait si catastrophique à J.-A. Grégoire qu'il refusa « l'offre mirifique » (3) que lui faisait André Citroën de participer à l'élaboration de la Traction avant : « Si je m'aventurais dans cette bataille, je risquais d'être phagocyté et je perdais toute chance de faire triompher ma vérité dans la lutte technique que je menais contre Brogly, Lefebvre et sa fabrication » (4).
Sa vérité : imposer à Lefebvre, ses joints tournants Tracta. Celui-ci refuse.
Décision judicieuse, puisque J.-A. Grégoire admettra plus tard : « Nous dûmes en convenir : le joint Tracta tournant qui fonctionne parfaitement en théorie ne tient pas convenablement en pratique... malgré tous les progrès technologiques, ce montage, pourtant fort élégant, ne pouvait pas tenir » (5).
La conclusion que J.-A. Grégoire tira du refus de Lefebvre est incroyable : « Quels furent les sombres motifs qui poussèrent Lefebvre et la fabrication à torpiller le Tracta? On pense bien que j'ai une opinion sur ces événements. Je n'en parlerai pas (6), je rappellerai simplement que cette machination entraînera la chute de Citroën et de son affaire » (7).
Rendre Lefebvre responsable de la faillite d'André Citroën!
Quel culot Monsieur Grégoire!
La vérité est plus simple. Lefebvre n'eut que 18 mois pour réaliser la « 7 ». Un exploit extraordinaire.
Le compte à rebours imposé par André Citroën fut dramatique.

1934. Flaminio Bertoni fignole une maquette en plastiline d'un coupé 11 à gros pneus.

Contrairement à ce qu'affirment certains historiens comme Pierre Dumont, jamais cette voiture ne constitua une étude préalable de la Traction avant. André Lefebvre n'eut pas le temps d'élaborer projets et contre-projets. Dès le début, la voiture fut conçue et réalisée telle qu'elle fut présentée au Salon de 1934.

Cet exercice de style est dû à l'imagination fertile de Flaminio Bertoni qui dessina aussi les lignes de la DS. Jamais une voiture de ce type ne figurera au catalogue du quai de Javel.

Mars 1933	André Lefebvre est engagé.
Août 1933	2 prototypes présentés à André Citroën.
Novembre 1933	L'outillage carrosserie est commandé aux U.S.A. chez Budd.
28 février 1934	André Citroën est incapable de faire face à ses échéances. La justice est saisie.
Mars 1934	Abandon de la boîte de vitesses automatique Sensaud de Lavaud. Une nouvelle boîte — classique — est construite en 15 jours.
24 mars 1934	Présentation officieuse de la « 7 » à 40 concessionnaires.
18 avril 1934	Présentation officielle de la Traction avant à la presse.
3 mai 1934	La première Traction avant est vendue.
Mai 1934	Les caravanes de démonstration sillonnent la France de concessionnaire en concessionnaire.
19 septembre 1934	Une traction avant, pilotée par les frères Rouen, se classe première au classement général du concours du Bidon de 5 litres.
3 octobre 1934	Triomphe au Salon de l'Automobile.

(1) J.-A. Grégoire : 50 ans d'Automobile. Éditions Flammarion, p. 290. (2) Ouvrage cité, p. 223. (3) Livre cité, p. 234. (4) Livre cité, p. 234. (5) Ouvrage cité, pp. 324-325. (6) Dommage... à qui la vérité pourrait-elle nuire? (7) Ouvrage cité, p. 324.

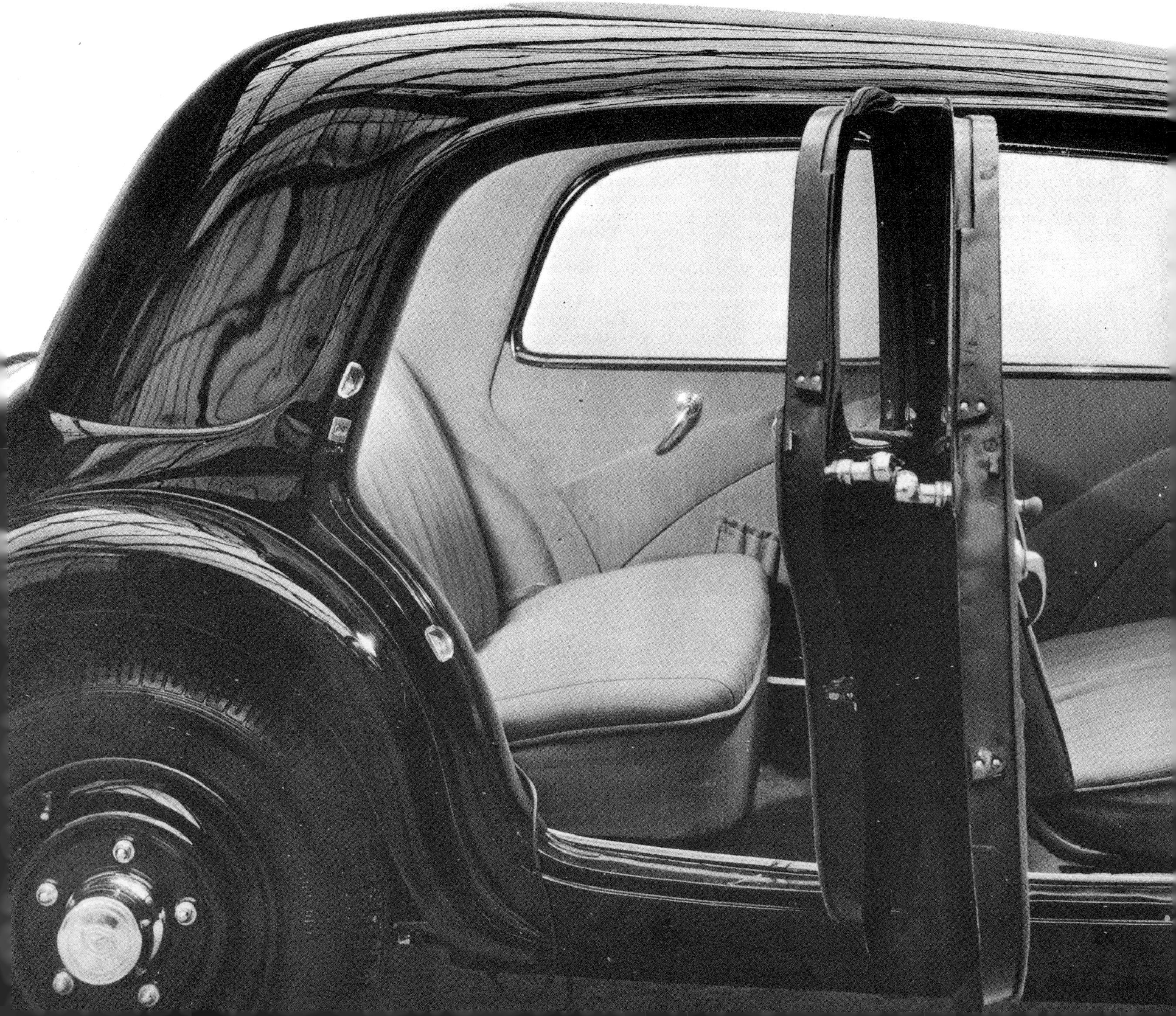

*Train avant de la « Traction »
mettant en évidence les fameux cardans
qui causèrent tant de soucis
à André Lefebvre et son équipe.*

Février-mars 1934.

Seule photo connue d'une des cinq ou six Traction équipées d'une boîte « automatique » Senaud de Lavaud.
Le cliché devait être utilisé par les services de publicité pour montrer l'habitabilité de la voiture.
On peut remarquer : l'absence de tout levier de changement de vitesse, les deux pédales d'accélération et de freinage et quelques manettes insolites sur le tableau de bord.
On peut encore noter : les commandes d'éclairage et d'avertisseur placées au centre du volant, la manette d'ouverture du pare-brise, le couvre-moyeu et l'enjoliveur de la roue. Ce sont des accessoires empruntés à la Rosalie.
Les portes sont de fabrication artisanale. La nervure qui fait le tour de la carrosserie s'interrompt avant le capot.
La caisse de la voiture est carrée, comme on peut le voir devant la roue.
Enfin, la sellerie semble faite à la main. Ces garnitures de grand luxe ne verront pas le jour sur les modèles de série. La découverte de cette photo mérite d'être racontée : parmi les centaines de documents amassés pour ce livre, nous avions éliminé un vieux cliché barbouillé de gouache par des retoucheurs de l'époque. Fabien Sabatès le trouva dans le rebut de nos photos. En archéologue passionné de la Traction, il lava soigneusement le cliché pour voir ce qu'il y avait dessous. Il était deux heures du matin quand il découvrit que la voiture était une traction équipée de la fameuse boîte Sensaud de Lavaud. Il nous téléphona aussitôt.

3 - Des prototypes aux essais

Voiture n° 20 de l'usine. Ce prototype fut sans doute conduit par André Lefebvre car la voiture est stationnée ici dans sa propriété près de Draguignan.

Printemps 1934. Au bois de Boulogne à Paris. Ce nouveau prototype, dûment immatriculé, ne possède lui aussi qu'un essuie-glace, ce qui semble être une des caractéristiques de toutes les voitures essayées avant mai 1934. Noter les avertisseurs de la Rosalie, les supports de phares polis et la plaque minéralogique fixée sur l'aile arrière gauche.

*19 mars 1934.
Prototype en cours d'essais à Montlhéry.
La voiture ne possède qu'un essuie-glace
et n'a pas de couvre-roue de secours.*

*2 prototypes immatriculés W 1
prêts à partir pour
des essais sur route.
Noter la plaque sur l'aile arrière.*

Jean de Moncan devant un faux cabriolet 7 cv.

Vers 1937, Jean de Moncan se souvient avoir essayé une 11 spéciale, affublée d'éléments profilés amovibles. Vitesse escomptée : 115 km/h. Vitesse réussie : 145 km/h. Un chaudronnier local avait réalisé les éléments profilés. C'est lui qui prit à la hâte ce très mauvais cliché montrant le dos de la voiture.

19 mars 1934. Première photo de presse réalisée à Montlhéry. La légende de cette photo distribuée aux journaux mentionnait : « Nouveau type de voiture à traction avant et roues indépendantes, équipée d'un moteur de 7 cv atteignant les 100 kilomètres à l'heure. »

Les hommes qui l'ont mise au point

La station d'essai Citroën située sous l'anneau de vitesse à Montlhéry, au moment de la naissance de la Traction. A droite, on aperçoit un cabriolet.

Le colonel Pierre Prévost, responsable des premiers essais de la Traction avant. Ancien officier d'artillerie chargé de cours d'automobile à Fontainebleau, il proposa à André Citroën la création d'un service d'essais. Pierre Prévost avait sous ses ordres cinq ou six ingénieurs et une vingtaine de metteurs au point qui roulaient nuit et jour.
Les successeurs de Pierre Prévost : Jacques Guerrini (à gauche). Il fut directeur des essais à partir de mai 1934 et Jean de Moncan qui succéda à Jacques Guerrini en octobre 1937. Tous deux étaient d'excellents conducteurs. Jacques Guerrini détint pendant longtemps le record officieux du tour du circuit routier (de 9,81 kilomètres) avec la moyenne de 89,750 km/h, sur une Traction avant, naturellement.

Été 1934. André Lefebvre au volant d'un prototype dont les ouïes du capot sont inhabituelles. C'est la seule photographie du père de la Traction au volant d'un prototype de 11 Normale.

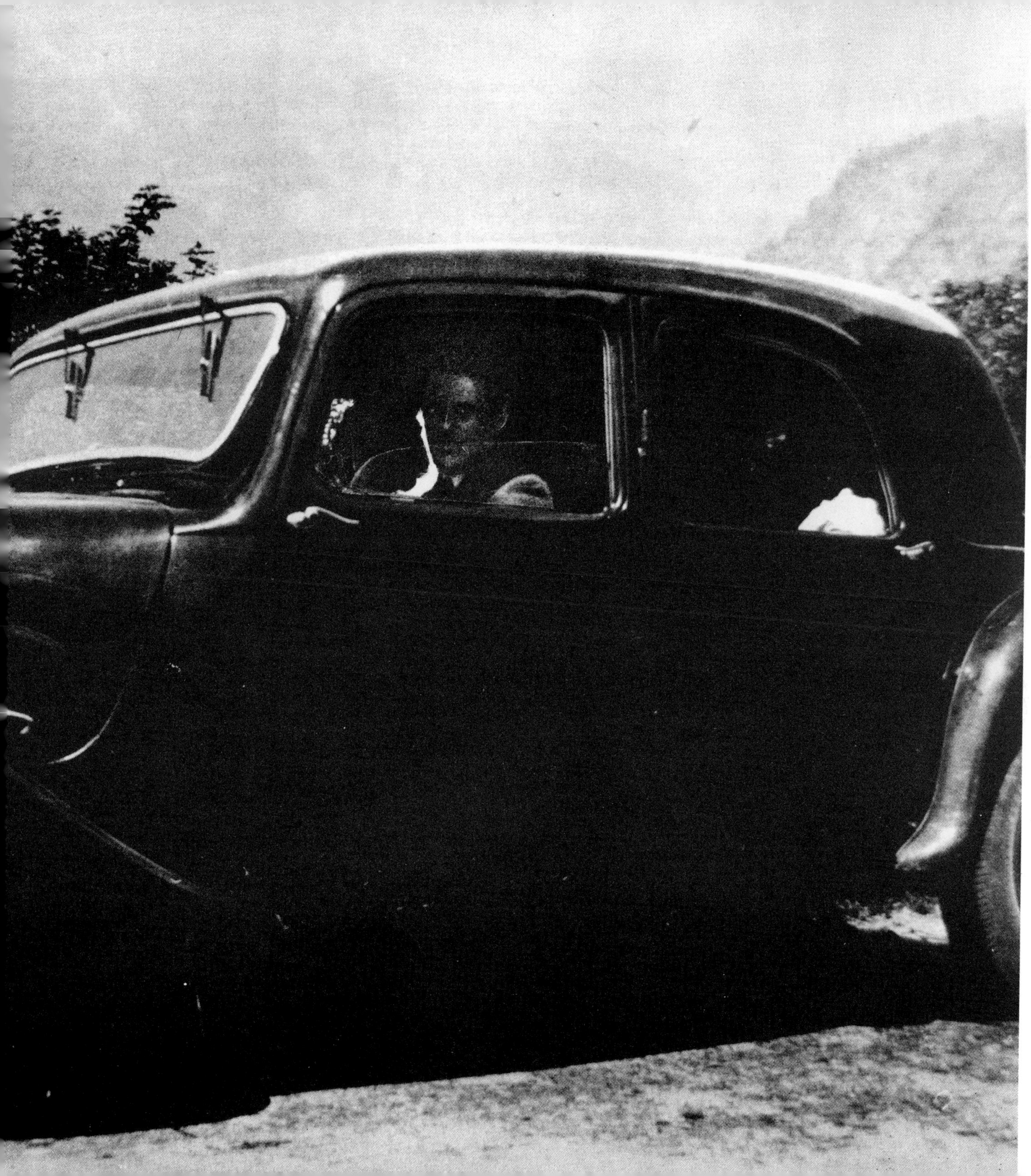

4 - La visite du roi du Siam

*André Citroën a mis
à la disposition du roi une « 7 »
qui vient le prendre à l'hôtel Meurice
où il est descendu.
A bord de la voiture,
le roi fera une promenade
dans le bois de Boulogne.*

Monsieur et Madame André Citroën.

*Le 24 avril 1934,
le roi du Siam en visite officielle à Paris,
est convié par André Citroën
à visiter l'usine de Javel
où les premières « 7 » sont montées.*

Le roi et la reine du Siam admirent une « 7 » en fin de chaîne de montage.

5 - Son premier concours d'élégance

Le 8 juin 1934, sept « Traction avant » participent au concours d'élégance du bois de Boulogne. La baronne de Rothschild et ses amis pilotent les voitures. Il y a quatre berlines, deux cabriolets et un coupé. La manifestation faillit se terminer en catastrophe. Roger Prud'homme qui était responsable des voitures raconte :

« Les voitures ont obstinément refusé de démarrer quand ce fut leur tour de s'engager sur la piste. André Citroën me fit discrètement des signes.
Les freins ont chauffé pour arriver ici. Il faut attendre que cela refroidisse, lui murmurai-je. Alors le patron fit un tour de charme extraordinaire au jury pour détourner son attention. Dix minutes après nous défilions. Personne ne s'était aperçu de rien ».

Voici le classement de ce concours d'élégance, établi d'après les résultats officiels de l'époque.
De gauche à droite :
- Roadster n° 8, gris clair, roues à filets bleus, garniture bleue. Premier grand prix (Madame Robert Fenwick).
- Roadster n° 4, beige clair, roues à filets bleus, garniture bleue. Prix d'honneur (Comtesse de Caraman-Chimay).
- Berline n° 18, brun-rouge, roues à filets rouges, garniture noisette. Prix d'honneur (Mademoiselle Ginette Loubet).
- Berline n° 16, blanche, garniture gris clair. Prix d'honneur (Mademoiselle Arlette Morel).
- Berline n° 12, bleu foncé, roues bleu clair, garniture grise, (Mademoiselle de Korsak).
- Berline n° 14, blanche, garniture gris clair, (Madame François Spitzer).
- Faux cabriolet n° 6, noir, garniture grise, (Baronne James H. de Rothschild).

6 - Le Salon d'octobre 1934

Le 3 octobre dans l'après-midi les voitures sont amenées au Grand Palais.
Ici, un faux cabriolet bicolore.

André Citroën présente au Président de la République Albert Lebrun une « 7 » coupée en deux.

Sur le stand. En plus de la voiture coupée en deux, les visiteurs pouvaient admirer trois 22 : une berline, un cabriolet et une limousine dont le capot n'est pas plombé (ci-contre).

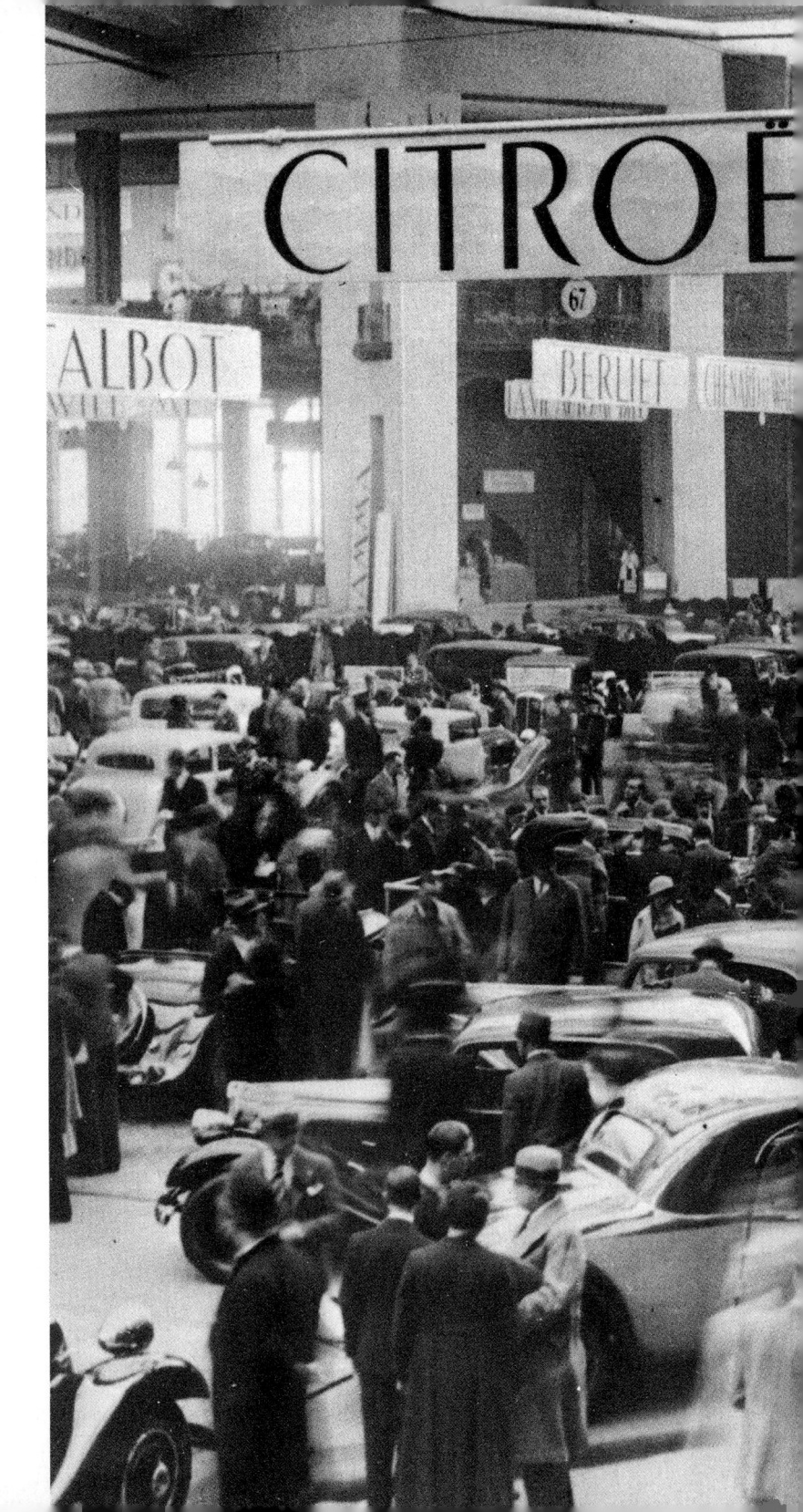

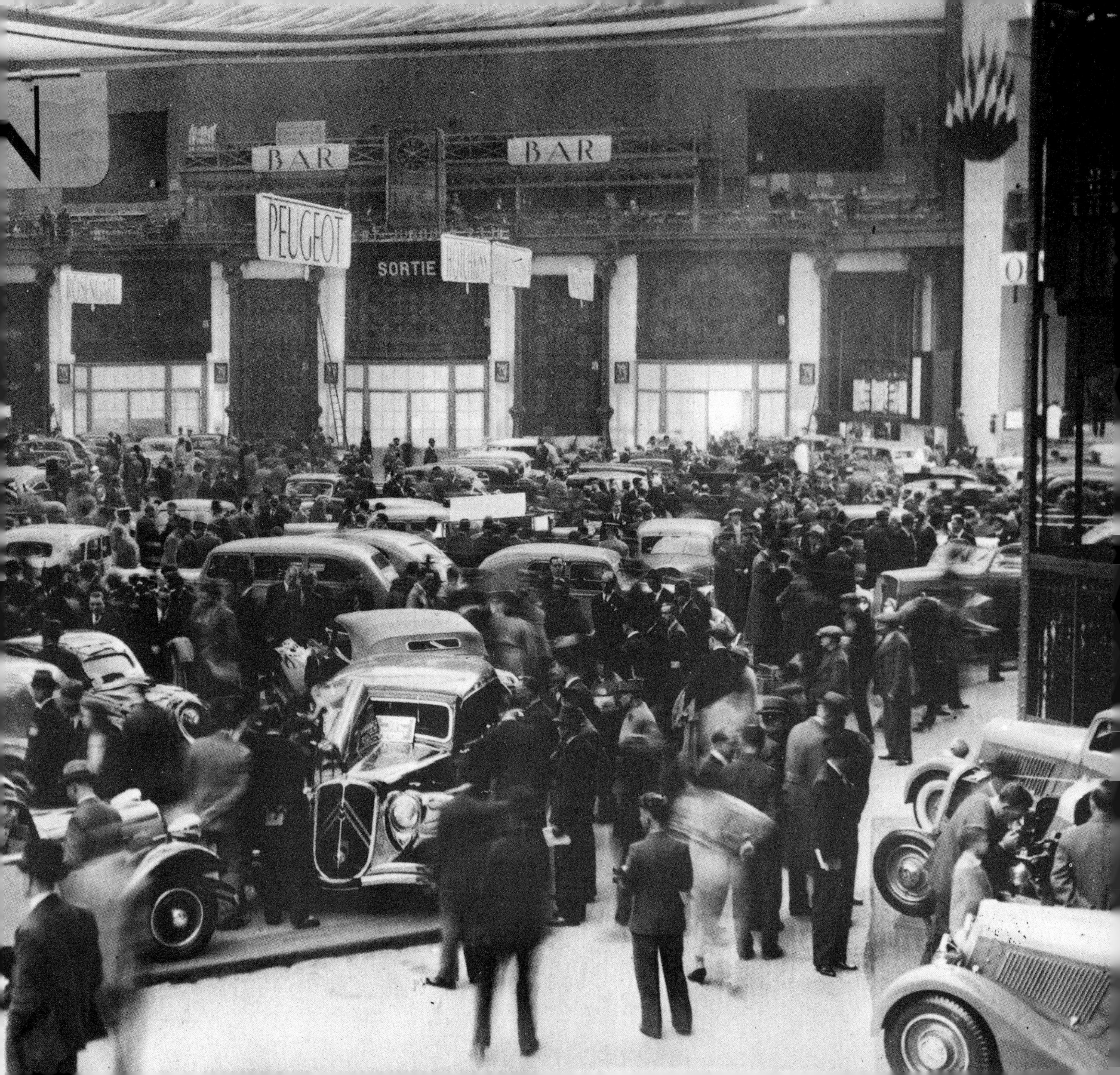
BAR
BAR
PEUGEOT
SORTIE

Également exposée : une berline (sur la gauche avec une énorme pancarte sur le toit) sans capot ni ailes afin de montrer le moteur conçu par Maurice Sainturat et le principe de la Traction avant.

Fig. 6. — La voiture CITROEN.

**CITROEN - 9 - 11 - 22
CARROSSERIE - CHASSIS**

Moteur de la 22 exposé au Salon. C'est un Citroën V8 22 cv (78 × 100). Ce moteur est visible sur la photo du stand à côté de la Traction coupée en deux.

7 - Premiers essais à Montlhéry

L'équipe des metteurs au point. Pierre Terrasson est à l'extrême gauche, Pendant les essais de la Traction, il y avait trois équipes qui conduisaient huit heures d'affilée. A droite : la 1re Rosalie équipée du moteur Diesel Citroën.

Le metteur au point Pierre Terrasson devant une « drôle de Traction » : (roue avant à six trous, essuie-glace sur le toit).

Une « 7 » tourne en essais sur l'anneau de Montlhéry, ses deux volets d'aération ouverts. Une optique de phare pend sur l'aile. Pierre Terrasson se souvient avoir perdu au cours des essais, une quinzaine de roues avant et une demi-douzaine de roues arrière.

8 - Le magasin de l'Europe

Dans le hall de l'usine sont présentés les premiers modèles. Remarquer le toit en simili, la plaque minéralogique au centre, à l'arrière. Sur la lunette, le chiffre 7 est inscrit deux fois avec en plus la mention « en rodage ». Noter que les voitures sont de toutes les couleurs possibles.

Place de l'Opéra à Paris, Citroën présentait également sa nouvelle « 7 » dont un des premiers modèles est en stationnement, face au magasin. C'est en fait la voiture de démonstration pour les clients éventuels.

9 - La chaîne de montage

Meulage des soudures de la coque, avant peinture.

Peinture : la bande blanche est un décapant que l'on appliquait sur les soudures à l'étain, avant la peinture.

Les trois panneaux de la caisse sont assemblés automatiquement par soudure électrique « éclair ».

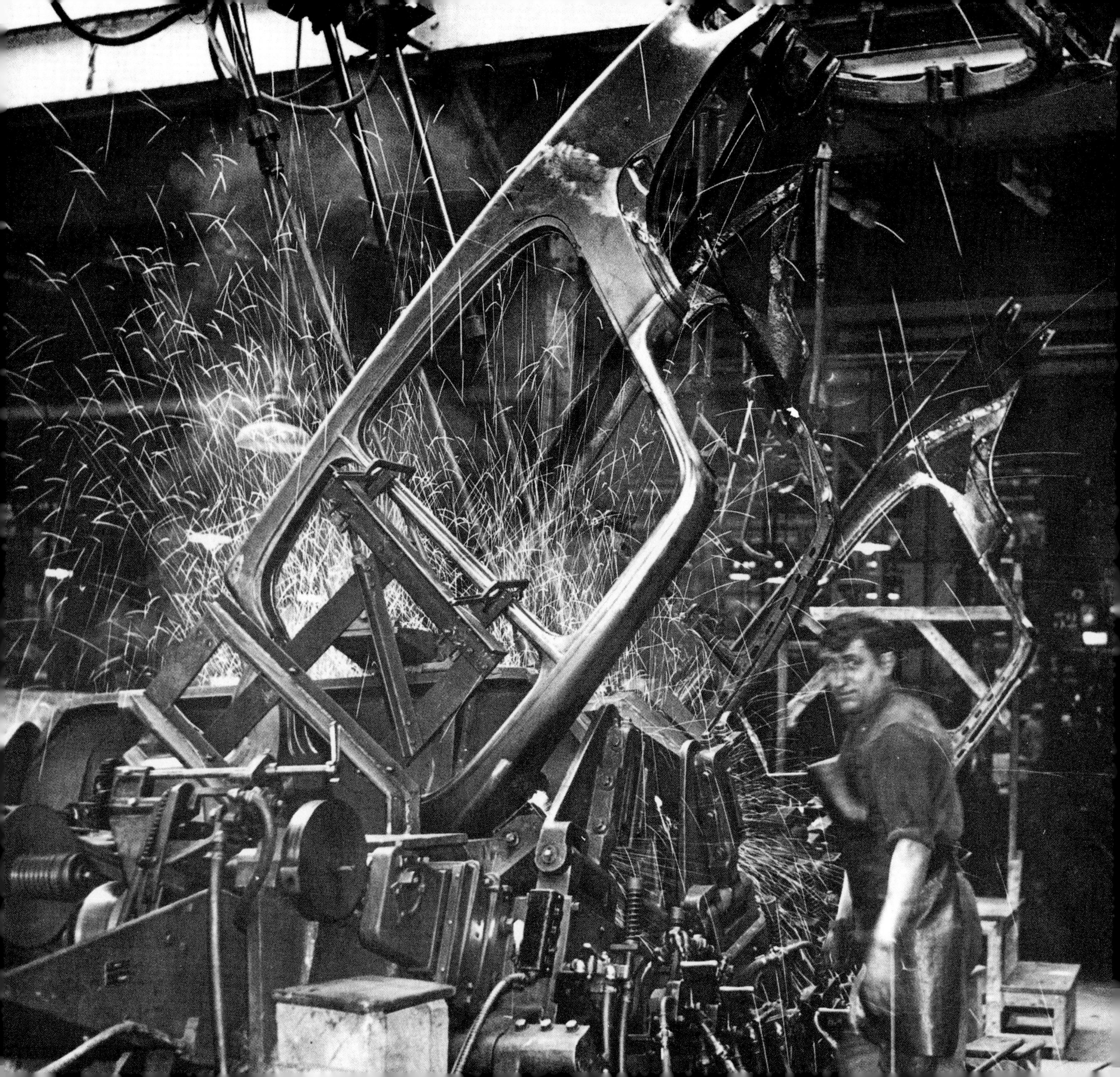

Atelier de finissage des coques.
A gauche, la deuxième voiture
est un cabriolet.
La photo a été prise
à l'époque où l'on abandonne
le toit en simili.
Une tôle soudée le remplace.

*Par un monorail électrique
la voiture descend (à reculons)
du premier étage où elle a reçu
en vrac sièges, coussins,
tapis et atterrit
sur la chaîne du rez-de-chaussée.*

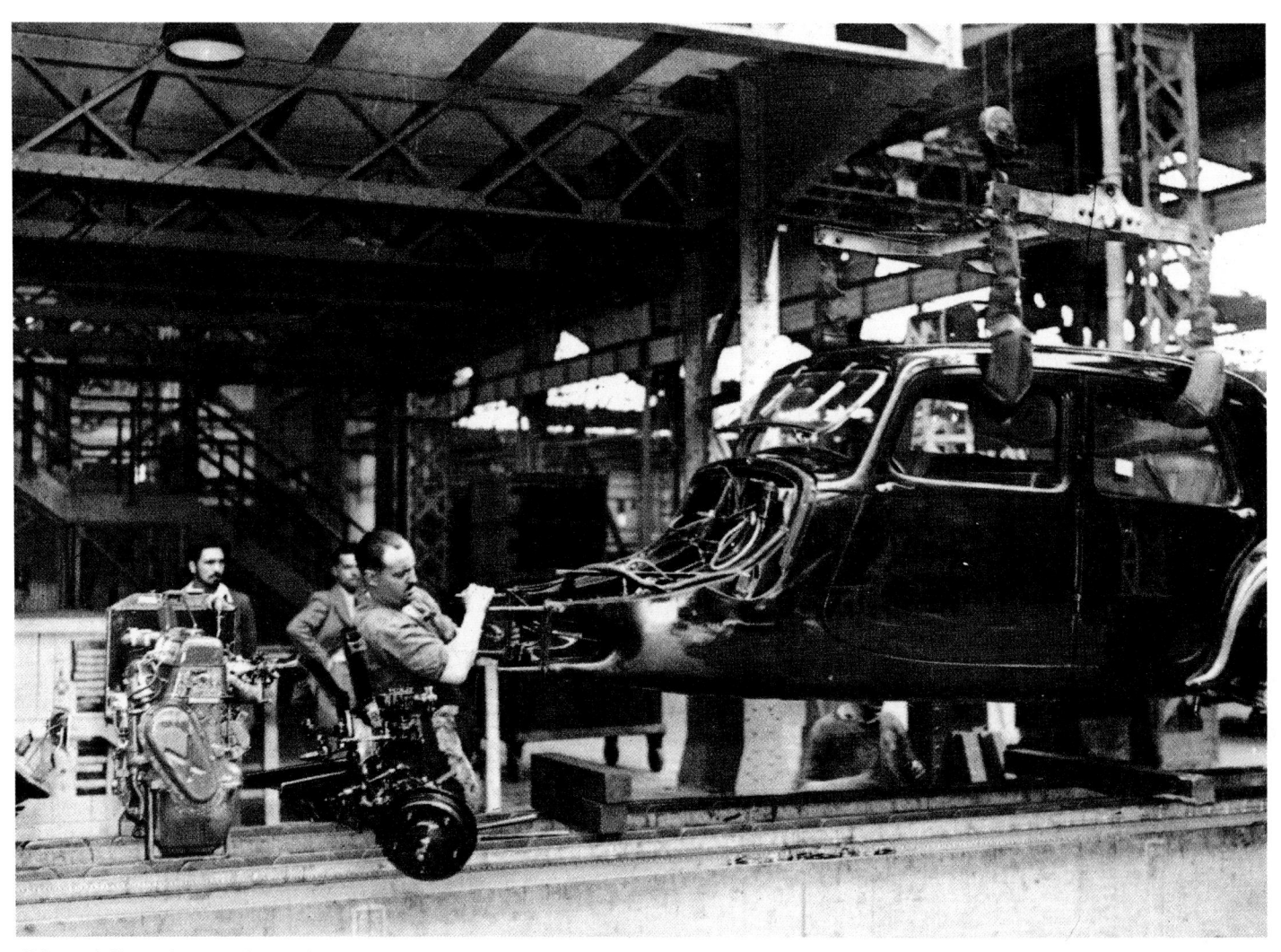

*Dès qu'elle arrive sur la chaîne
du rez-de-chaussée, la voiture reçoit
son train avant puis son moteur
et enfin ses ailes avant.*

*Chaîne de finition.
Le moteur, ses commandes et la sellerie
sont mis en place.*

Fin de la chaîne.
Les voitures reçoivent eau,
huile et essence.
On vérifiera ensuite
le parallélisme des roues
puis les freins seront réglés.

Dans une cour de Javel,
deux 11 A nouvelles-nées
attendent la livraison.

10 - La « 7 » aurait dû être essayée ainsi...

Pour la 15, André Lefebvre a le temps de mettre au point la voiture. Elle effectuera de très sérieux essais sur piste et sur routes.

Si André Citroën n'avait pas été pressé par le temps, la « 7 » aurait dû être essayée de cette façon. Elle serait alors sortie sans connaître d'ennuis.

Maroc, janvier 1938. Une caravane de quatre voitures : deux 11 et deux 15, effectue des essais de refroidissement au Maroc. En haut, on aperçoit les ingénieurs Pompon et de Moncan. En bas, avec un béret, le célèbre mécanicien Peneau.

Montléry, fin 1937. Le metteur au point Pierre Terrasson pose devant la quarante-sixième 15 cv (le numéro est peint sur le pare-brise).

117 A 167, QUAI DE JAVEL
PARIS (XVe)

Monsieur,

Vous voici en possession d'une "15" six cylindres à traction avant CITROËN !

Quelques conseils !

Pour votre rôdage d'abord :

Ne dépassez pas pendant les 500 premiers kilomètres 75 km/heure, ensuite... 90 à 105 km/heure en vous permettant quelques pointes vers le 130...

A 2.000 kilomètres, vous pouvez marcher.

Vous allez goûter le plaisir de conduire...

• • •

Vous démarrez... Vous pouvez pousser la deuxième jusqu'à 100 si cela vous plaît.

• • •

A 50, vous sentez la voiture se centrer d'elle-même sur la route.

Vous avez envie de lâcher le volant.

A 80, c'est mieux encore... A 120, encore mieux...

Votre "15" peut passer de 12 à 130 en 3me vitesse.

• • •

De jour, de nuit, vous "grattez" tout le monde, grâce à la tenue de route de votre voiture, grâce à la précision de votre direction à crémaillère qui permet de doubler avec aisance, sans commettre d'imprudence.

• • •

Vous roulez en toute tranquillité à 100 sur de petites routes dégagées.

Une grande ligne droite libre... Vous vous lancez à fond... Voici le 130.

Un village... Ralentissement à 60.

Sortie du village : en 15 secondes vous êtes à 100, 15 secondes encore, vous êtes à 120...

... 400 kilomètres en 4 heure 1/2 en conduisant prudemment.

Pas de fatigue, pas d'appréhension, rien que du plaisir.

• • •

Si vous connaissez 100 à 200 km de routes sinueuses, parcourez-les avec une voiture à propulsion arrière puis en 6 cylindres traction avant et comparez les temps, les fatigues, les impressions de sécurité.

• • •

Vous avez une voiture sûre : votre sécurité est garantie par la traction avant qui s'accroche à la route, par sa carrosserie monocoque tout acier, ses freins hydrauliques indéréglables, enfin ses pneus " Pilote ".

Vous profitez d'un confort particulièrement appréciable dans les longues étapes : de la place, du silence, des sièges réglables.

Et puis, il y a l'économie :

A l'achat, d'abord,

A chaque kilomètre, ensuite. Votre moteur consomme au plus 15 litres aux 100 km à 80 de moyenne.

VOILA LES FAITS. VÉRIFIEZ-LES.

Le client qui prenait possession de sa 15, recevait ce bristol de recommandations.

42

Un client fait son rapport

En 1938, l'usine Citroën demande à quelques-uns de ses clients privilégiés, d'établir un rapport détaillé sur les impressions de route et les incidents rencontrés avec les premières 15. Monsieur J. Hauvette, ingénieur chez Michelin, accepte cette offre.
Voici ses comptes rendus

20/7/38
CRITIQUES A LA RÉCEPTION D'UNE 15/6 CYL. CITROËN

Les sièges AV ont été rembourrés (par rapport aux voitures ordinaires). Or, comme les autres cotes n'ont pas changé, il en résulte que l'on est assis trop haut, d'où mauvaise position de la direction qui est trop basse, et mauvaise visibilité très limitée par le haut du pare-brise.

Sur une voiture à 3 places pour les sièges AV avec siège mobile pour le conducteur (indispensable), ce siège devrait être plus étroit que l'autre. Faute de cela la 3e personne est assise entre les 2 sièges, ce qui est désagréable, d'autant plus que ceux-ci peuvent ne pas être réglés au même avancement.

Comme dans toutes les Citroën, mauvaise position des pédales, position inconfortable des pieds au repos.

Mauvaise position de la manette du changement de direction, au lieu d'être placée à gauche et en bas elle devrait être placée à droite, à hauteur du changement de vitesse.

On ne voit rien dans le rétro si ce n'est quelques mètres de la chaussée de la route juste derrière la voiture. J'ai mis une cale d'environ 1 cm 1/2, c'est insuffisant.

Feux de position pas sûrs. Contacts de l'ampoule mauvais, sensibles à l'eau. Ne pourront marcher convenablement.

Le levier du frein à main est trop loin, difficile à atteindre. De plus, il doit être tourné en sens inverse de celui des autres Citroën pour s'enclencher!

La voiture manque d'une manette de gaz. En effet, en montagne, dans les virages en descente demandant un fort ralentissement, il y a lutte entre moteur et transmission, d'où bruits de cardan et nécessité de débrayer. Si on règle le ralenti plus juste on ne peut mettre en route le matin, on cale en ville.

Il manque un thermomètre de circulation d'eau. Rien ne pouvant indiquer si la courroie de la pompe à eau saute. (Avec les anciennes Citroën l'arrêt de l'ampèremètre servait d'indicateur.)

La protection du bas des ailes AR contre la projection de cailloux par les roues AV est nulle (mes ailes AR ont été esquintées en moins de 100 km).

Le coffre AR a été transformé de telle sorte qu'il est impossible de mettre la trousse à outils hors du compartiment à bagages, c'est dommage et gênant.

Le coffre AR n'est pas étanche à la poussière.

Le bouchon de remplissage du réservoir à essence est du mauvais côté pour pays à circulation à droite.

Au point de vue silence, direction, puissance, freinage, agrément de conduite : BIEN.

On peut juste reprocher léger bruit du moteur (taquets ou claquement des pistons).

Un peu trop de course verticale au levier de changement de vitesse.

La suspension : bien en général, mais l'AV est trop souple, sur certaines routes avec certains types de secousses, à certaines allures, la voiture tangue désagréablement.

2/8/38
VOITURE 15/6

Ma voiture part en vacances.
J'ai fait ici 2 000 km.
J'ai fait faire une vidange du moteur.
Je note :
L'essuie-glace a lâché dès la première fois où je m'en suis servi. Réparé par Citroën.
Mon numéro AR s'est déclinqué. J'ai été obligé de le faire réparer.
J'ai été obligé de faire repeindre mes ailes AR après avoir changé les bavolets et mis des préservateurs de bas d'aile en aluminium.
J'ai fait changer les amortisseurs par S^{te} F, et la suspension est mieux; elle était beaucoup trop souple de l'avant.
Je signale le gros inconvénient des suspensions très souples pour réglage phares (3 personnes derrière et les phares sont complètement déréglés).
Le presse-étoupe de la pompe à eau fuyait légèrement, je l'ai fait resserrer.
J'ai donné ordre à mon fils de noter tout ce qui arriverait. Je vous tiendrai au courant.

17/10/38

N'ayant reçu ma voiture 15/6 qu'au début des vacances je n'avais pas eu l'occasion de rouler beaucoup dedans, l'ayant laissée à ma famille.
Après la panne de couronne et carter crevé, survenue à Beaune le 18/9, km 6 500, la voiture est allée à Paris, à vos usines où elle est restée jusqu'au 4/10.
A ce moment il vous avait été signalé qu'il y avait des traces d'eau dans l'huile et vous m'aviez déclaré que le nécessaire avait été fait lors de la réparation.
Après avoir fait ici environ mille kilomètres sans jamais pousser, j'ai pris ma voiture pour aller à Paris d'où je suis rentré hier, km 8 462.
Pendant les mille kilomètres faits ici j'avais trouvé que le carburateur était mal réglé, le moteur galopant au ralenti, qu'il y avait de mauvaises reprises avec ratés, et qu'enfin le moteur était très difficile à remettre en route après arrêt surtout lorsque chaud.
Je démontai les bougies, elles étaient en mauvais état, pointes beaucoup trop écartées, porcelaines cassées, je resserrai les pointes et changeai trois bougies.
Le moteur continua à avoir mauvais ralenti et à être difficile à mettre en route chaud.
Les freins que je n'avais pas essayés spécialement en vitesse avant le départ pour Paris se sont montrés mal réglés broutant et secouant la voiture si on s'en servait aux grandes vitesses, mettons supérieures à 110-120 compteur.
Ils ont certainement besoin de réglage des mâchoires si ce n'est celles-ci à changer pour usure.
J'ai bien marché entre Clermont et Paris, gêné un peu par les freins et par le mauvais réglage du carburateur au ralenti et aux reprises, surtout dans Paris.
A l'arrivée à Paris, je fus étonné d'avoir besoin de remettre de l'eau : 1/2 broc environ.
Au retour les ratés au ralenti et aux reprises s'amplifièrent, la voiture était devenue désagréable sauf quand le moteur tirait régulièrement.
En arrivant à la maison (Clermont), je levai le capot et ne fus pas peu surpris de voir un panache de vapeur sortir par le tube d'aération du carter du moteur et par l'orifice de remplissage d'huile!
J'ai mesuré la quantité d'eau manquante et j'ai trouvé 2 litres 500 pour les 400 km. Je viens de faire vérifier qu'en ouvrant la vidange d'huile du moteur il coulait de l'eau, on a retiré environ 1 verre avant que l'huile ne sorte.
Cette eau dans l'huile doit expliquer abimage des bougies, mauvaise carburation, ratés...
La boîte de vitesses faisait un peu de bruit quand la voiture est arrivée. J'ai l'impression que cela a augmenté. (Vous m'aviez du reste prévenu qu'elle faisait du bruit.)
Je signale un mauvais réglage de la commande du changement de vitesses; il y a des moments où l'on

ne peut passer en marche AV ou en marche AR. Le débrayage a fond ne paraît pas déverrouiller.

Que dois-je faire! Désirez-vous avoir la voiture ou dois-je la faire réparer ici, suivant instructions que vous donnerez à notre Service? J'attends une réponse rapide car je désirerais que ma voiture soit immobilisée le moins longtemps possible. Dès son reçu je vous enverrai la voiture par camion ou la mettrai à l'atelier. D'ici-là je ne roule pas.

Je profite de la présente pour vous donner quelques renseignements généraux que m'a suggérés ce voyage.

J'ai trouvé sur certaines routes, en particulier entre La Charité et Cosne que la suspension était très mauvaise (nous étions pourtant 4 dans la voiture). La voiture a des accélérations verticales très vives, incompatibles avec une voiture capable d'atteindre la vitesse de 120 km facilement.

Le compteur est vraiment un peu trop faux, on le bloque par trop facilement à 150.

J'avais eu tout l'été des ennuis d'essuie-glace; il paraît maintenant bien marcher.

La circulation d'eau est très froide, jamais le thermomètre ne monte. Que va-t-il se passer en hiver? Il faudra absolument un volet de radiateur réglable de l'intérieur pour avoir une bonne température.

Pourquoi le filtre à huile de l'orifice de remplissage a-t-il des trous tels qu'il est impossible de verser rapidement un bidon d'huile, résultat : on retire le filtre et ça va.

On est très mal pour conduire. On est assis trop haut. Si je me mets à bonne distance des pédales je suis à fond de course en AR du siège, résultat : je suis trop loin de la direction et de ce fait il faudrait relever le dossier (c'est-à-dire incliner le siège vers l'avant), or au maxi de réglage c'est insuffisant. La position des pieds en route gauche au repos, droit sur l'accélérateur, est toujours aussi défectueuse et, partant, fatigante.

L'aération est très difficile. La tapette c'est insuffisant, le pare-brise ouvert ça gèle le crâne et fait un bruit d'ouragan.

Je résume : la réparation après panne de carter a été mal faite. Boîte bruyante, les freins, bougies, n'ont pas été vérifiés, la réparation pour empêcher contact eau-huile a été inopérante je dirais même elle n'a fait qu'aggraver le mal.

31/5/39

Mon cher Boulanger,

Ci-inclus double de la lettre que j'envoie à M. Hermet. Ce que je veux vous signaler particulièrement, c'est que telle qu'elle est, cette voiture est beaucoup trop bruyante pour pouvoir lutter avec des voitures américaines. Il y a certainement un gros progrès à faire.

Ensuite, je voulais vous indiquer, si vous ne la connaissez pas, une route particulièrement intéressante pour les essais de suspension d'une voiture rapide, c'est la route N. 143 Tours-Montluçon, mais particulièrement la portion Loches-La Châtre.

Si vous avez l'occasion de la faire, vous verrez qu'avec la 15 CV, il est impossible de marcher à l'allure que permet la visibilité (parce qu'il y a trop d'accélérations verticales, bosses de la route, creux genre cassis en bas de descentes, bosses genre dos d'âne au sommet des côtes...).

Or, j'étais parti avec ma femme et trois de mes grands enfants et quelques bagages, environ 40 kg, et j'avais trouvé la voiture bien au point de vue suspension. Au retour, seul avec ma femme, c'était intolérable, et nous avons dû réduire l'allure, et encore en arrivant j'avais « mal au crâne ».

Ayant, à la Pentecôte, fait un tour dans le Cantal sur de jolies petites routes, malheureusement pas goudronnées, j'ai constaté dans le coffre AR au retour, qu'il y avait au moins 2 mm de poussière à l'intérieur et que même celle-ci ressortait à l'intérieur de la carrosserie au bas du dossier AR. Là encore il y aurait une amélioration à apporter.

Voilà ce que je voulais vous signaler, pensant que cela pourrait vous être utile.

II - MILLE CABRIOLETS

Ce furent les plus prestigieux modèles de la gamme des Tractions avant.
Ils participèrent à tous les concours d'élégance
et remportèrent souvent les premiers prix.
Les plus rares sont les « 15 » cabriolets.
Deux ou trois exemplaires furent construits, dont un
pour Robert Puiseux, gendre des Michelin (voir page 58).
En 1938, les princesses Élisabeth et Margaret d'Angleterre
reçurent en cadeau deux mini-cabriolets Citroën.
A l'époque, les deux plus beaux jouets au monde.
Aujourd'hui, les cabriolets sont les modèles
les plus recherchés par les collectionneurs.
Il y en eut environ un millier de construits.

11 Les cabriolets d'avant guerre

Les premiers cabriolets.
A droite : Jacques Guerrini.
Ci-dessous : Jean de Moncan.

1934. Un des tout premiers modèles de cabriolet photographié dans l'usine du quai de Javel. À noter qu'il n'y a pas de poignée sur le spider.

Dans les magasins
Au Salon de la voiture d'occasion en 1938. Ce cabriolet a une peinture hors catalogue, réalisée à l'atelier des commandes spéciales du quai de Javel.

Dans les concours
Le 24 juin 1934, un cabriolet 7 A participe à un concours d'élégance sur une des contre-allées des Champs-Élysées à Paris.

1er juin 1938. Au championnat automobile du Club sportif de l'Union des artistes, le cabriolet est conduit par l'actrice Myno Burney. Albert Préjean (à genoux) compte les fautes de ce gymkhana entre des quilles.

Sur la route
Un cabriolet 11 AL de 1936.

*Cabriolet 11 BL
dans une étape
de col dans
le Tour de France
1937.*

12 - Comment j'ai retrouvé le cabriolet de l'actrice Margrete Wiby

Un ami de Silkeborg, Henning Mortensen, vint un jour me voir dans son cabriolet jaune clair et me parla de son intérêt pour les cabriolets Traction. Il me dit avoir vu un film danois de 1939 dans lequel les deux vedettes étaient un cabriolet Traction blanc et une actrice du muet oubliée : Margrete Wiby. La voiture est intéressante, me dis-je, transformons-nous en détective.

Par l'intermédiaire de collectionneurs de films à Stockholm, je découvris que le titre du film était « La comtesse de Stenhult ». Après des centaines de démarches, je rencontrai une vieille dame qui me demanda d'attendre que son mari revienne du travail. Le soir, le couple me mit enfin sur la bonne piste.

Ils me conduisirent jusqu'à une petite maison perdue dans un grand parc.

Une dame âgée m'ouvrit. C'était l'ancienne actrice Margrete Wiby, elle nous demanda ce que nous voulions. Je lui demandai si elle avait possédé un cabriolet Citroën. Oui, me répondit-elle, avant la guerre, il a seulement roulé 10 000 km et depuis 25 ans il n'a pas bougé! Ce cabriolet fut le cadeau de mariage de mon mari.

En tremblant, je suivis l'ancienne actrice dans son garage dont les portes rouillées refusèrent de s'ouvrir. Après bien des efforts, je pus admirer, comme dans un rêve, ce magnifique cabriolet entièrement d'origine, à l'état neuf!

Prudemment je demandais s'il était à vendre. Margrete Wiby refusa. Pendant qu'elle préparait le café, j'allais en ville acheter le plus gros bouquet de fleurs de ma vie et je le lui offrais en lui parlant de ma passion pour la voiture. Enfin elle se décida et je fus le plus heureux des hommes.

Henrik LUNDBERG

1974. L'actrice et le cabriolet retrouvés.

1939. L'actrice Margrete Wiby dans une des séquences du film « La comtesse de Stenhult ». Le cabriolet est un « 11 » normal de 1938 portant le nº 127 294. La plaque minéralogique est américaine car l'action du film se situe outre-Atlantique.

*Le nouveau et heureux propriétaire du cabriolet « 11 » :
Henrik Lundberg.
La plaque minéralogique est suédoise.*

13 - Deux petits cabriolets pour les princesses d'Angleterre

L'usine du quai de Javel pavoisa aux couleurs britanniques lors de la visite à Paris du couple royal.

A côté du landau et du berceau de la petite Marianne, le cabriolet immatriculé M 1938. Paradoxalement, les deux voitures furent fabriquées par AEAT.

A l'occasion de la visite du roi et de la reine d'Angleterre à Paris, en juin 1938, le gouvernement français fit don aux princesses Élisabeth et Margaret de ces deux jouets. Ils complétaient la garde-robe et la panoplie des deux poupées Marianne et France (dont les initiales sont reportées sur les plaques minéralogiques) destinées aux princesses royales. La voiture de droite est vert clair, celle de gauche bleu pervenche.

Les jouets destinés aux princesses sont exposés au Théâtre Marigny. Les Parisiens font la queue pour voir les cadeaux royaux.

14 - Le cabriolet 15 de Robert Puiseux

Robert Puiseux, gendre d'Édouard Michelin et un des grands responsables du quai de Javel, fut l'heureux possesseur d'un rarissime cabriolet 15 cv (3 furent sans doute construits). Il nous a confié cette photographie avec le commentaire suivant :
« J'étais, en 1945, passionné de torpédo mais je n'imaginais pas de rouler dans autre chose qu'une 15 Citroën. Je posais donc le problème à mon collègue Boulanger. Citroën me bricola une 15 cabriolet qui ne fut exécutée qu'à 1 ou 2 exemplaires.
Je pris possession de ma 15 en avril 46, l'appréciais vivement, bien que la rigidité du châssis soit moins bonne que dans la 15 normale. Elle est morte dans un accident fin octobre 47 ».

15 - Des carrosseries spéciales

Cabriolet 11 BL carrossé en 1952 par Langenthal.

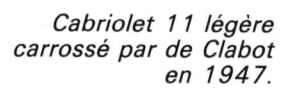

Cabriolet 11 légère carrossé par de Clabot en 1947.

Cabriolet 11 à calandre Rosengart
participant au concours d'élégance
« Fémina-L'Intran »
au Palais de Chaillot à Paris
le 23 juin 1939.

Berline découvrable
carrossée par Robert de Clabot.
A noter, l'absence de montants
latéraux permettant une visibilité
intégrale.

Cabriolet 11 B
dont les lignes ont été dessinées
par Géo Ham en 1947.
Celui-ci fit un dépôt
de son modèle,
à « la Propriété Industrielle ».
La carrosserie est due au carrossier
Renard et Bec.

IIII - ELLE FERA TOUTE LA GUERRE

Durant la seconde Guerre Mondiale, la Traction avant fut intimement
liée aux événements tragiques qui bouleversèrent l'Europe.
Beaucoup d'hommes et de femmes ne durent leur salut qu'à sa rapidité et à sa sûreté.
Les Allemands la considéraient comme la plus réussie des voitures françaises.
Ils la réquisitionnèrent en très grand nombre,
allant jusqu'à se constituer de petites flottilles de traction avant.
Les occupants avaient une telle confiance en elle que certains n'hésitèrent pas
à faire le voyage aller-retour Paris-Stalingrad.
Les gaullistes de Londres en firent un symbole de leur volonté d'indépendance nationale.
La vaillante Traction avant fut également utilisée, pour sa vitesse,
par les maquis de la résistance.
Ils la firent participer à tous les défilés de la victoire.

16 - L'avance allemande

Un officier allemand a abandonné sur une route belge le cabriolet 11 BL réquisitionné.

Mai 1940. A l'entrée de Paris, la troupe contrôle les occupants de cette 11 familiale.

Cette berline 11 réquisitionnée par les Allemands fait maintenant partie du cortège des envahisseurs de juin 1940.

65

Juin 1940.
Fin d'une Traction avant 11 BL 1938
et de ses occupants français
à 41 kilomètres de Sainte-Menehould.

*L'exode. Deux Traction
dans cette file d'automobiles qui fuient la capitale
que les Allemands vont occuper.*

17 - L'occupation

Hiver 1942.

*Contrôle allemand
place de la Concorde à Paris.
La 11 est munie de pare-chocs
et calandre ET.
Phares occultés.*

*Sur le pare-brise de cette berline 11 :
l'ausweiss permettant la libre circulation
sous le contrôle de l'occupant.*

Contrôle allemand sur la ligne de démarcation. Remarquer les nourrices d'essence sur le toit.

A la frontière franco-espagnole, l'occupant contrôle une berline 11 L immatriculée en Espagne.

Les Allemands fouillent une berline 7 suspecte. Noter les phares de black-out.

Berline 11 BL 1937 accidentée. Le conducteur allemand a heurté une charrette paysanne qui a enfoncé l'aile et brisé le phare.

Tourisme au Mont Saint-Michel pour cet officier allemand. Noter le fanion à l'avant, l'insigne peint sur l'aile arrière droite et le feu arrière soudé sur l'aile. La voiture est une 11 B 1939.

*Cette berline 11 BL
possède une malle de toit fabriquée
avant guerre par les maisons
OLD et Celer.*

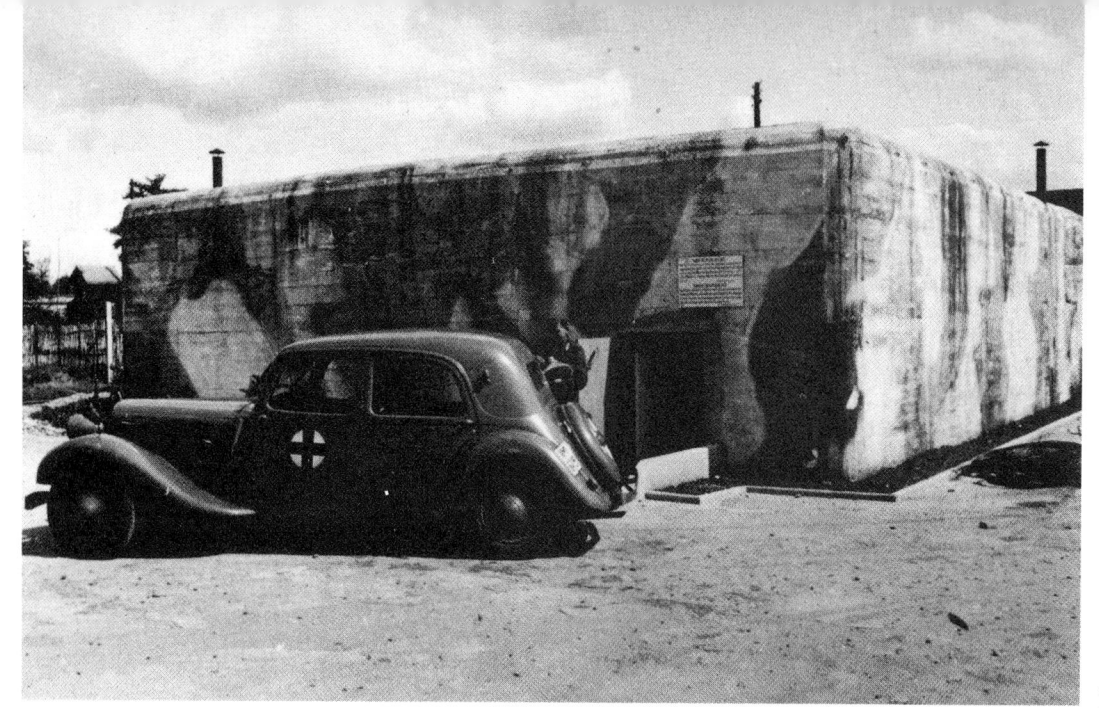

Berline 11BL devant un blockhaus sur le front de Normandie.

Souvenir heureux d'un occupant fier de posséder un beau cabriolet 11 BL.

*Un cinéaste des actualités filmées,
juché sur le toit de cette berline 11 BL
filme une des dernières sorties
du maréchal Pétain dans la capitale
(la voiture est une Renault Suprastella).*

18 - Des flottilles allemandes

Au garage
Les Allemands réquisitionnèrent de très nombreuses Traction et créèrent des garages pour les réparer et les peindre.

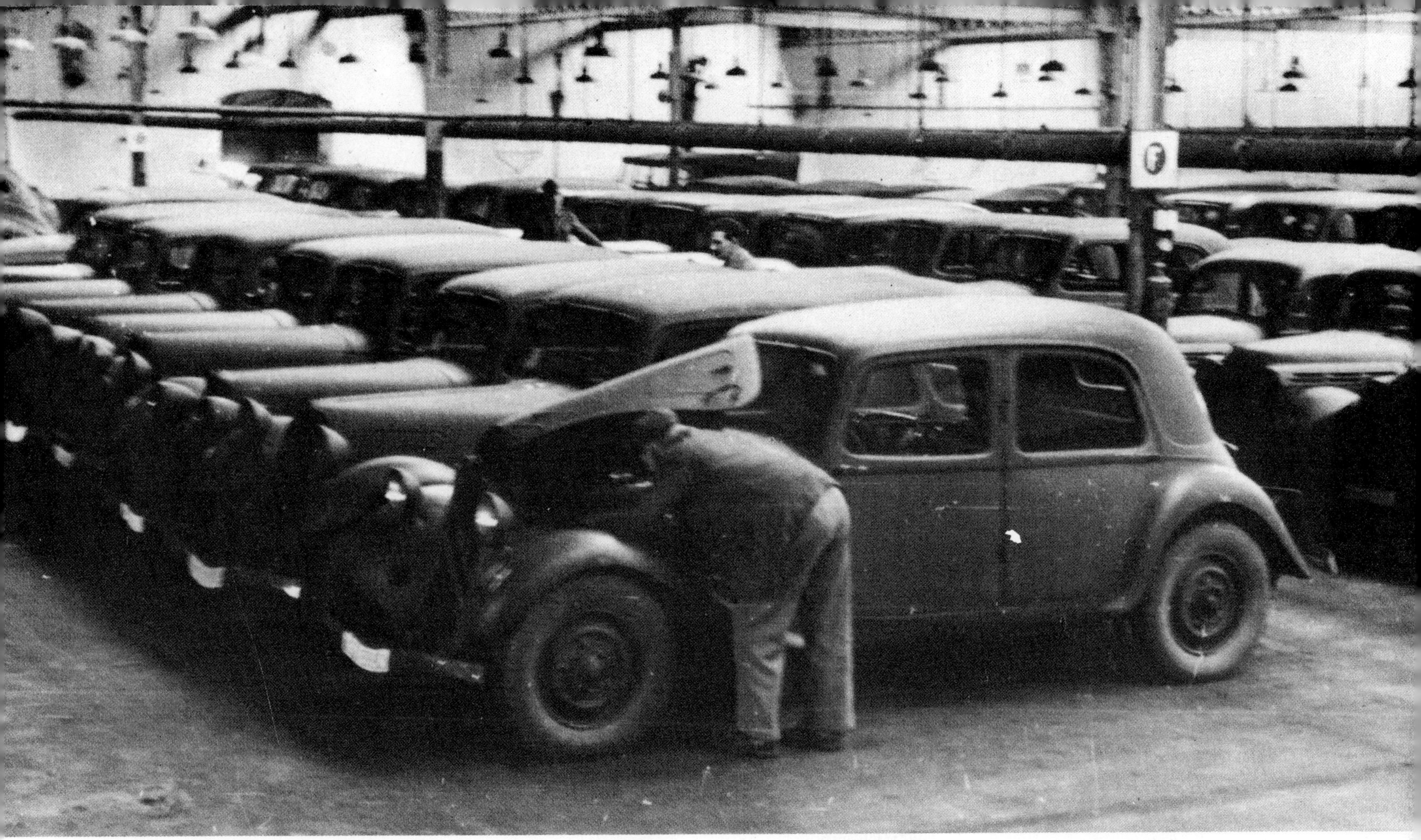
F

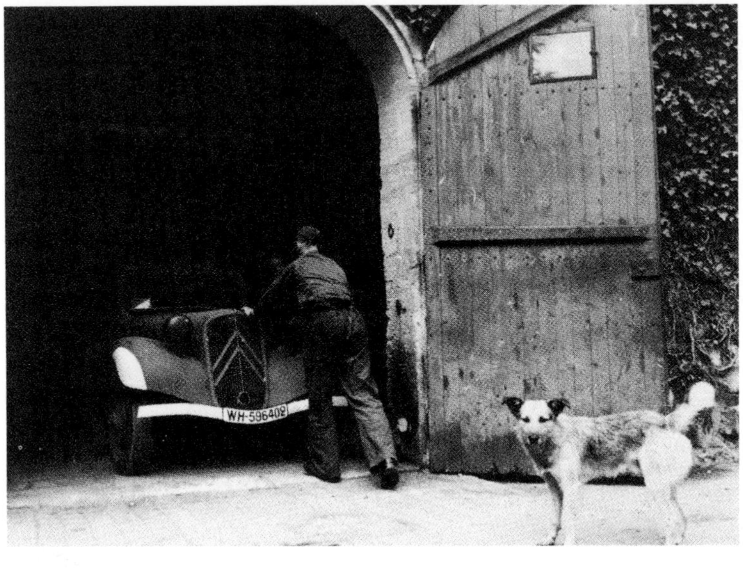
WH-596402

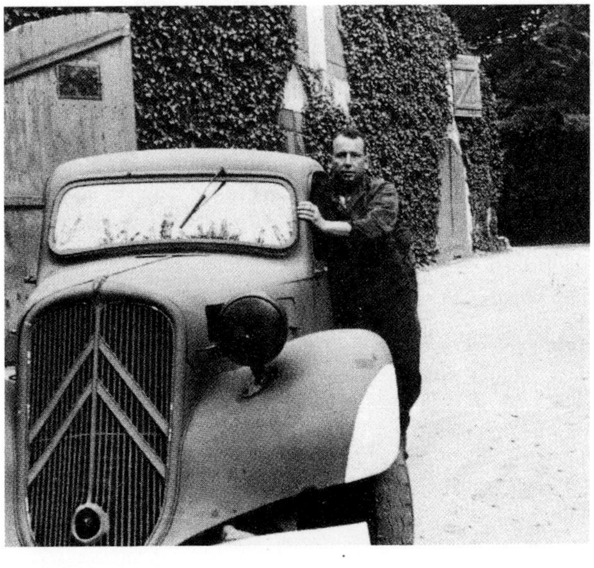

Sur la route

École de conduite allemande sur berline 11 légère. Noter le drapeau métallique et le phare montés sur le haut du pare-brise. La voiture possède un écran anti-buée.

Cette patrouille allemande a monté une mitraillette à l'arrière de ce cabriolet.

19 - En Russie

*Les occupants de cette Mercedes aperçoivent,
sur la route qui file tout droit vers Moscou,
une berline 11 légère blanche qui revient du front.*

Une berline 11 BL
près d'une base de la Luftwaffe
sur le front russe en 1941.

Halte dans une belle isba d'Ukraine
pour cette 11 BL
couverte de poussière.

De la boue pour la Traction.
Les Allemands la poussent
hors de ce mauvais pas.
Des ouvriers russes
réquisitionnés en dégagent une autre.

Sans immatriculation
cette berline 11
s'enfonce dans la terre russe.

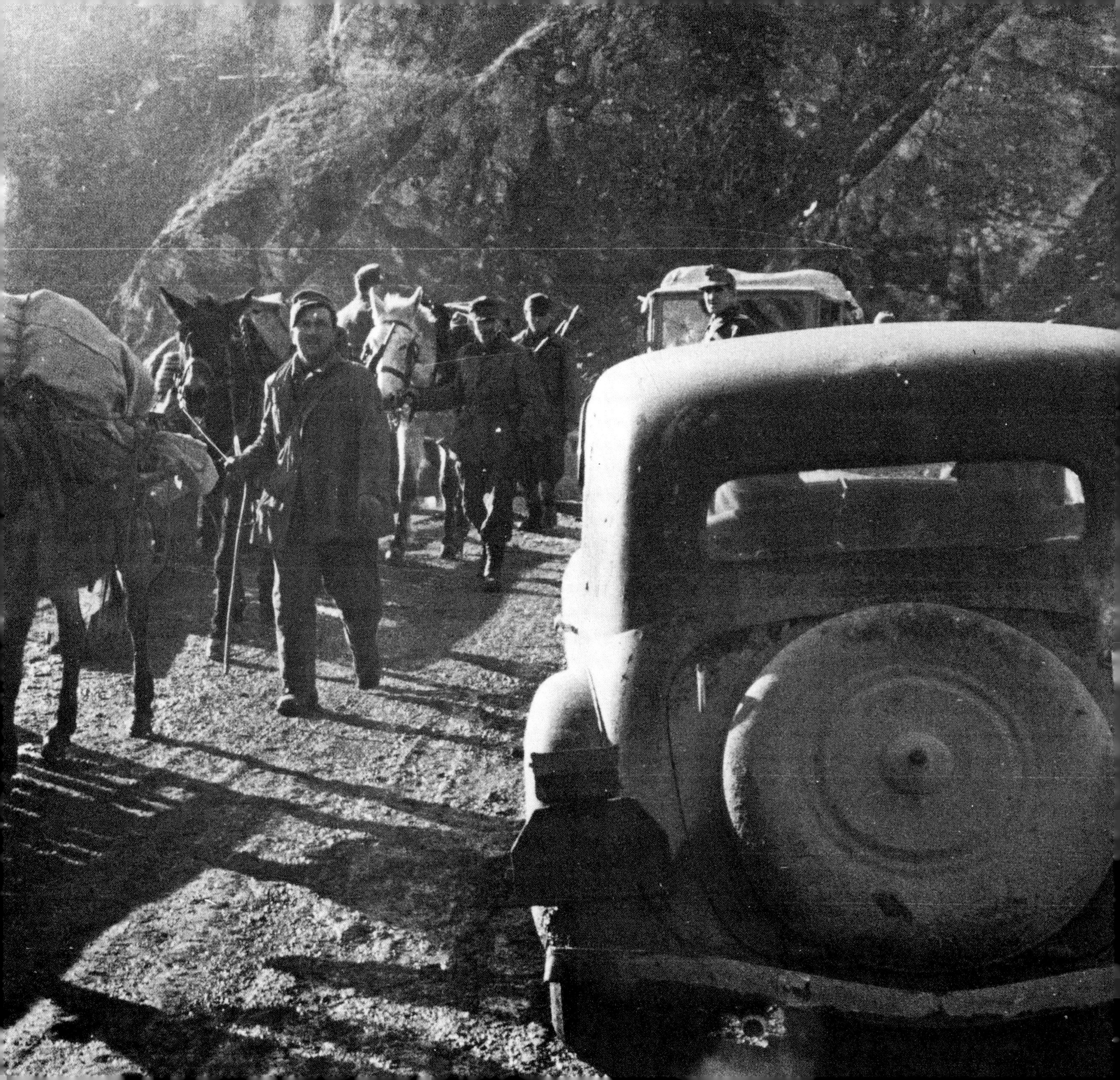

20 - En Tunisie

A côté d'une Kubelwagen,
une berline 11 B
en cours d'entretien
dans un garage allemand de Tunis.

Cette familiale de 1938 faisait partie d'une escorte allemande basée près de Tunis.

Des ennuis de démarrage pour cette 11 BL camouflée.

Tourisme à El Djem pour le chauffeur de ce faux cabriolet.

Berline 11 B sur une base italienne

Les mécanos allemands camouflent une berline 11 BL.

Cette voiture de la Luftwaffe (reconnaissable au cœur peint sur la portière) a été sérieusement endommagée. Elle est remorquée vers le garage pour être désossée. Elle fournira des pièces de rechange. Le G pourrait signifier Guderian. C'est un des tout premiers modèles de 1934, une 11 A.

21 - A Londres et dans le maquis

A Londres

L'amiral Gayral pose avec sa « Light fifteen » (montée à Slough en Angleterre) devant son cottage de la banlieue londonienne.

Un officier (non identifié) des F.N.F.L. à Londres devant une 11 BL, équipée d'accessoires spéciaux : marchepied et phares spéciaux occultables.

*Ravitaillement et chargement des armes dans une ferme du Forez.
La Traction, une 11 BL, est à gazogène.*

Les 3 Traction du groupe Roussel. A noter le drapeau français sur l'aile gauche et les plaques d'immatriculation... vierges, naturellement.

Dans le maquis avec les Diables rouges

Cette 11 BL (de 1938-39) appartenait au groupe Roussel qui tint le maquis dans les monts du Forez. La voiture est baptisée « l'Éclair » et porte la « recognition star », étoile commune à toutes les troupes alliées.

Sur une route du Forez, une Traction 11 BL (de 1938 avec marchepied) du groupe Roussel rencontre la voiture du commandant d'un groupe venu en renfort.

Monts du Forez : PC dans les bois de Lapalisse.

Au P.C. du colonel Collion, chef des partisans du groupe Roussel.

Le groupe Roussel formé à l'origine avec les anciens du 152e d'Infanterie de Colmar libéra Vichy en 1944. Ici, le cabriolet blanc du colonel Collion est stationné devant le Thermal Palace, ex-siège du secrétariat à la Défense.

22 - *La victoire*

*Les combats dans Paris.
Une 11 B à roues Robergel.*

22 août 1944. Des parlementaires allemands (des soldats) protégés par un policier arborant un brassard FFI stationnent devant l'Hôtel de Ville. La photo a été prise avant l'arrivée des troupes de Leclerc. La voiture est une 11 BL (de 1938).

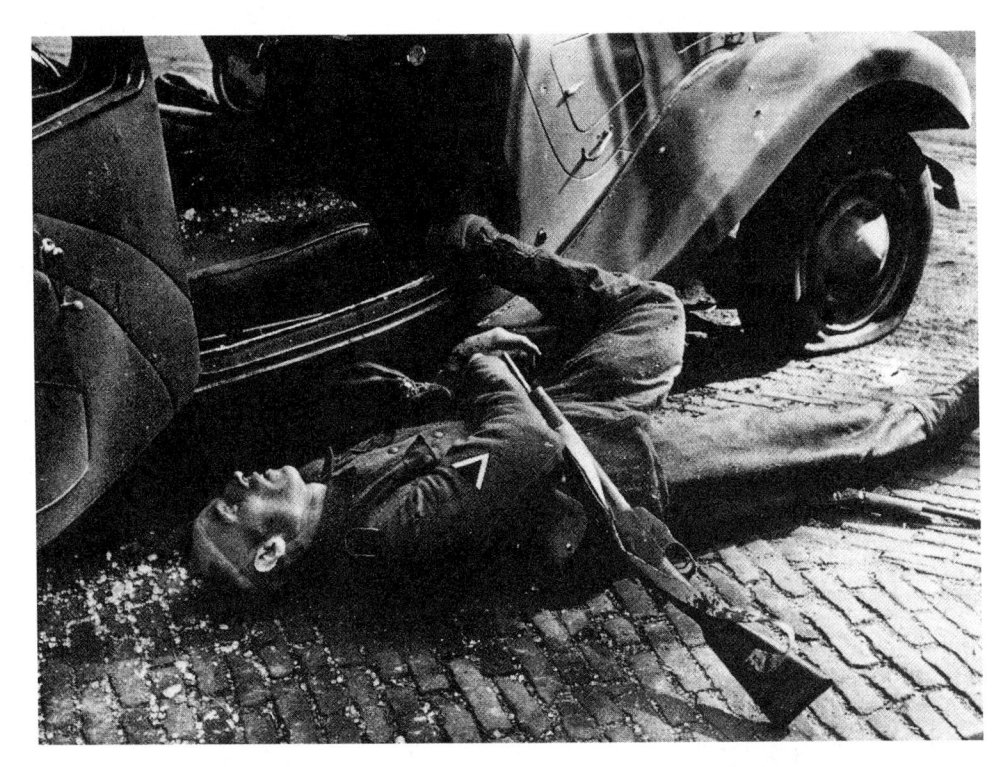

Combats d'Arnhem le 17 septembre 1944. Des parachutistes anglais interceptent la Traction du général Kussin et tuent les quatre occupants de la voiture. A gauche, le chauffeur. En bas, le général Kussin dont on a découpé les pattes de col pour récupérer les broderies dorées.

*De terribles combats
lors de la libération de Paris.*

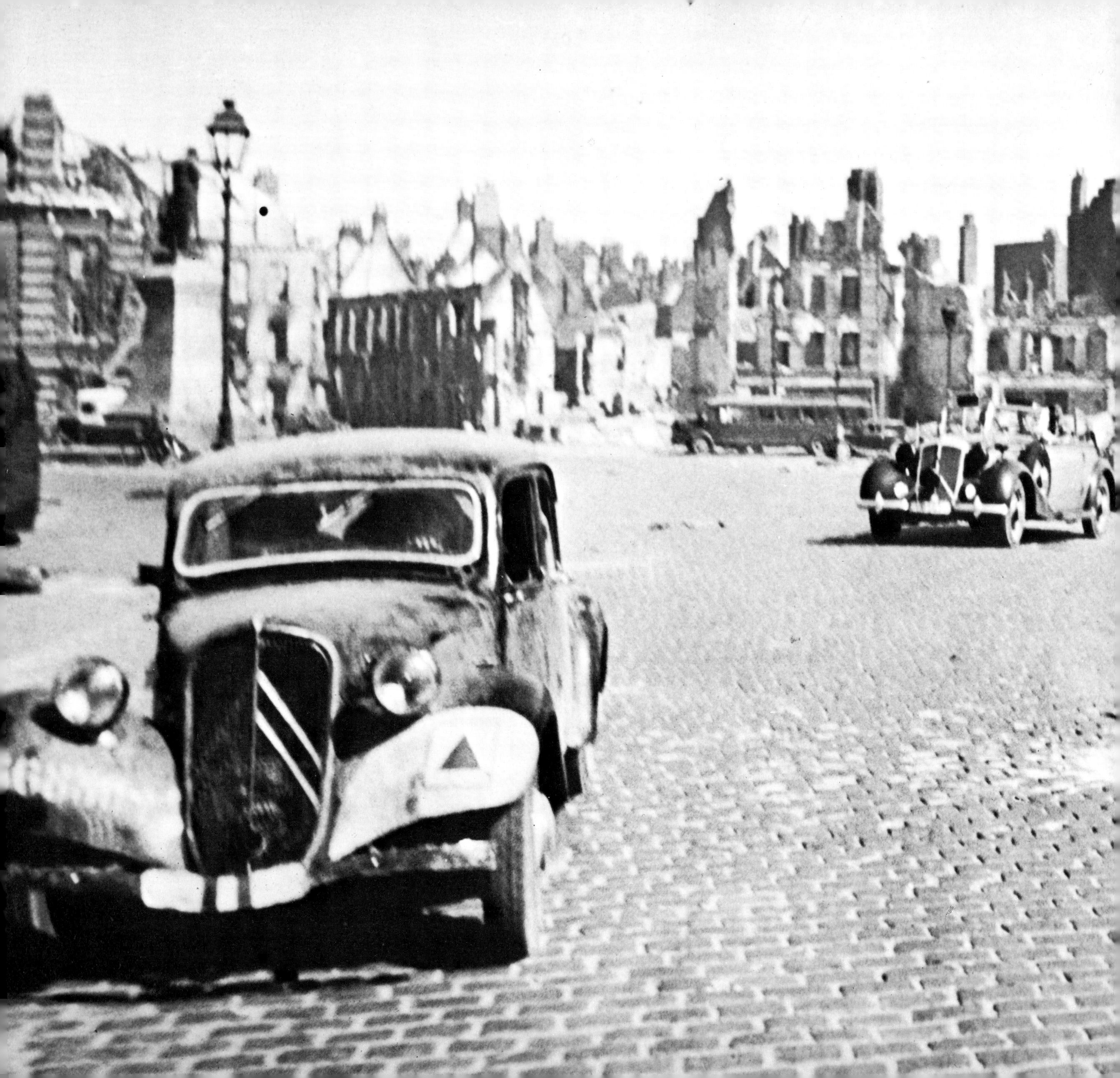

A travers la Belgique détruite. Cette Traction porte le triangle de l'artillerie allemande.

L'ancien ministre des Affaires étrangères nazi, Konstantin Von Neurath, est arrêté par les troupes françaises en Autriche le 7 mai 1945. Il monte ici à bord d'une berline 11 L.

*A Sélestat libéré
le 27 décembre 1944,
les troupes alliées croisent
une berline 11 L de la Croix-Rouge.*

*Le ministre de la Marine
Louis Jacquinot (au centre)
en tournée d'inspection en 1945.
La voiture officielle, une 11 BL,
porte l'emblème gaulliste.*

Beyrouth en 1945
fête la victoire alliée.
La voiture est un cabriolet 11 L de 1938-1939.

IV : EN RALLYES ET EN COMPETITIONS

Rapide, légère et maniable, la Traction avant participa
à tous les rallyes et à toutes les compétitions de son époque.
Il n'est pas une manifestation qu'elle ne gagna au moins une fois.
Dès 1934, elle remporta le concours du bidon de 5 litres,
et glana une belle série de records sous le nom de Rosalie IX en 1936.
C'est après la guerre que professionnels et amateurs de la compétition sportive
lui firent connaître ses heures de gloire.
Ces passionnés de traction avant surent la bricoler génialement.
Ils n'hésitèrent pas à rivaliser avec des marques aussi prestigieuses
que Lancia ou Alfa Romeo. Souvent ils arrivèrent premier.

DANS VOTRE ESSENCE
Bretocyl Graphité
"LE SUPERLUBRIFIANT DES CHAMPIONS"
192

23 - Les raids de François Lecot

25 - Les rallyes

Épreuve du Bidon de 5 litres de 1937.

ROSALIE IX et l'EQUIPE MARCHAND

LES GRANDES PERFORMANCES "YACCO"

ROSALIE IX

pilotée par des Concessionnaires et Agents Citroën et par l'Équipe César Marchand, a parcouru, sur les routes de France :

100.000 Km

à la moyenne de

1.500 Km par jour

En 1936
YACCO détient toujours 85 %
DES RECORDS DU MONDE AUTOMOBILE

DONT :

Les 100.000 Km avec " ROSALIE II " ... ... (1932)

Les 200.000 Km avec " PETITE ROSALIE " (1933)

Les 300.000 Km avec " PETITE ROSALIE " (1933)

•

Toutes les " Rosalie " sont des voitures Citroën appartenant à la Société " YACCO ", et tous ces Records ont été établis avec utilisation d'Huile YACCO du commerce.

L'arrivée de la dernière étape, à minuit, place de la Concorde.

24 - Les records de la Rosalie IX

Continuant la grande tradition des records des Rosalie, une Traction avant Berline 11 cv, baptisée Rosalie IX, parcourt 100 000 kilomètres à la moyenne de 1 500 kilomètres par jour. Voici le dépliant publicitaire publié à l'époque par les huiles Yacco.

Avant le départ qui eut lieu le 26 juillet 1935 à 3 h 30 du matin devant l'hôtel de Rochetaillée, François Lecot pose devant l'Automobile-Club du Rhône à Lyon.

Pour son premier passage à Paris le 24 juillet, François Lecot déboucha place de la Concorde à midi où cette photo a été prise. Il roula 365 jours d'affilée à bord d'une berline 11 AL (11 cv) qu'il avait personnellement achetée en 1935. Il accomplit cet exploit sur le parcours Paris-Monte Carlo. Il parcourut plus de 400 000 kilomètres. Ce qui représente quotidiennement 1 100 kilomètres et 18 heures de conduite! Et ceci pendant un an! François Lecot avait 57 ans.

Rallye de Touraine 1838. Les voitures au départ à Tours, place de Strasbourg. Ce sont trois légères de 1936.

Paris-Côte d'Azur 1936

Paris-Vichy-St-Raphaël féminin. Passage des concurrentes devant le Grand Palais à Paris.

Ci-dessous :
L'arrivée des concurrents du 20e Paris-Nice.
No 45. Roadster T.A. 11 cv de M. et Mme Émile Pouderoux. Très allégé. Le capot et les portières sont en aluminium. Le moteur a été amélioré par E. Pouderoux dans le garage paternel du Puy où son père était concessionnaire Citroën.
4e au classement général.

Les rallyes neige et glace

M. et Mme Prestail sur 11 BL (n° 24), 1re place du classement général du Neige et Glace 1954.
Culasse spéciale; 2 carburateurs; cardans spéciaux diminuant le rayon de braquage; boîte à quatre vitesses; pneus munis de pointes de carbure de tungstène.
2e place. Cotton sur Dyna Panhard 950 avec compresseur.

Neige et Glace 1955

Ricou-Prestail — 15 six 1949 — n° 45.

Le 5 février 1955, Ricou et Prestail prennent le départ du 3ᵉ critérium « Neige et Glace » sur leur 15 cv. Redoutable épreuve qui comprend la course de côte de Chamrousse avec 1 340 m de dénivellation sur 17 kilomètres. Une véritable tourmente de neige s'abattit sur la course de côte de l'Alpe-d'Huez semant le désarroi parmi les pilotes qui ne savaient plus s'il fallait adopter des chaînes ou non. Ricou et Prestail demandèrent à plusieurs spectateurs de monter sur le pare-chocs avant de leur 15 cv afin d'éviter aux roues de patiner.

Ce 3ᵉ critérium Neige et Glace fut très dur et Ricou-Prestail arrivèrent troisième au classement général derrière la Salmson 2,300 l de Matussière et Borsa (première) et la Renault spéciale de Galtier-Parizot. Pour donner une idée des difficultés rencontrées; Lefort (classé 10ᵉ sur Peugeot 203) un solide athlète savoyard eut un doigt gelé, une dent cassée, une déchirure musculaire et son équipier Jacques Cottet tomba dans la neige, évanoui sur la ligne d'arrivée.

Les rallyes Lyon-Charbonnières

1958
L'équipage Eppendhal-Perrier négocie un virage sur une route gravillonnée. La voiture a été considérablement allégée.

1956
Ricou-Prestail n° 117.
15 six transformée par Peter Eppendhal (catégorie spéciale). Suppression : garnitures, pare-chocs, doublages de portes, de malle arrière.
Capot avant remplacé par moulages en stratifié, glaces remplacées par feuille de matière plastique.
Sièges de 2 CV Citroën.
Moteur :
Bielles de 11 D; coussinets, pistons et chemises de 11 D.
Arbre à cames spéciales modifié par Iskenderion aux États-Unis.
Culasse améliorée.

Les rallyes de Monte-Carlo

1952

Dr J. Lacerda et J. Azarujinha, Portugais, sur 15 six (roues aluminium).
Départ de Lisbonne le 22 janvier de 15 h 13 à 16 h 24.
Classés 7e de la 1re catégorie. Challenge de l'A.C. du Portugal, du S.C. du Portugal (coupe Redex).
Au départ de Monte-Carlo 1952 : 27 T.A. Citroën dont 10 « 11 » et 17 « 15 six ».

1952

R. Marion et J. Charmasson.
15 six 1949.
Départ de Monte-Carlo le 22 janvier de 20 h 21 à 22 h 10, soit 3 365 km.
12e de la 1re catégorie (au-dessus de 1 500 cm^3); remporte la Coupe de l'Écurie Verte.

1952

15 six n° 55 (roues aluminium).
Monsieur Darène.
Coéquipier Ardon.
Départ de Lisbonne le 22 janvier de 15 h 13 à 16 h.
3 346 km.
Arrivée : 72e de la 1re catégorie.
141e du classement général ex-æquo avec Johansen et Mme sur Ford C (1 080 points).

Des concurrents étrangers

Une 11 B danoise. Remarquez :
au-dessus de la plaque minéralogique,
l'aigle de la Falkgonen
(organisme d'aide
aux usagers de la route au Danemark).

Une 15/6 grecque.

Une 11 BL hollandaise.

Une 15 norvégienne avec écran antibuée sur le pare-brise.

Une 15 portugaise. Équipage Lacerda-Rugeroni. 1959.

V = LA FAVORITE DES HOMMES POLITIQUES

La Traction avant fut la voiture officielle de la IVe République.
Elle participa à tous les petits ballets élyséens qui ponctuaient
les incessants changements ministériels des septennats de Vincent Auriol et René Coty.
A la recherche d'une clientèle électorale, députés, sénateurs
et ministres sillonnaient la France à bord de « 15 » noires
qui leur assuraient un prestige indispensable.
Le fondateur de la IVe République, le Général de Gaulle,
était un fervent tractioniste. Il quitta l'Élysée en 1946
à bord d'une Traction. Il y revint en 1958, toujours en traction.
Peu de temps après il devenait le premier Président de la Ve République.
Une ère nouvelle commençait.
La DS allait remplacer la Traction dans le cœur des autorités de l'État.

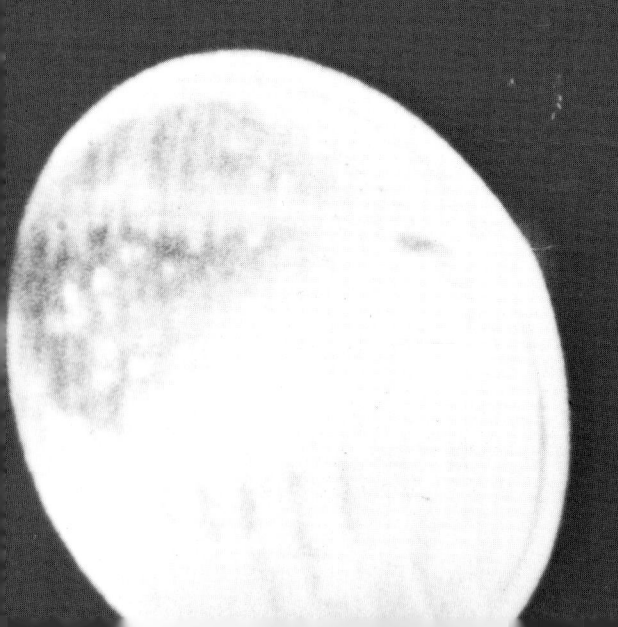

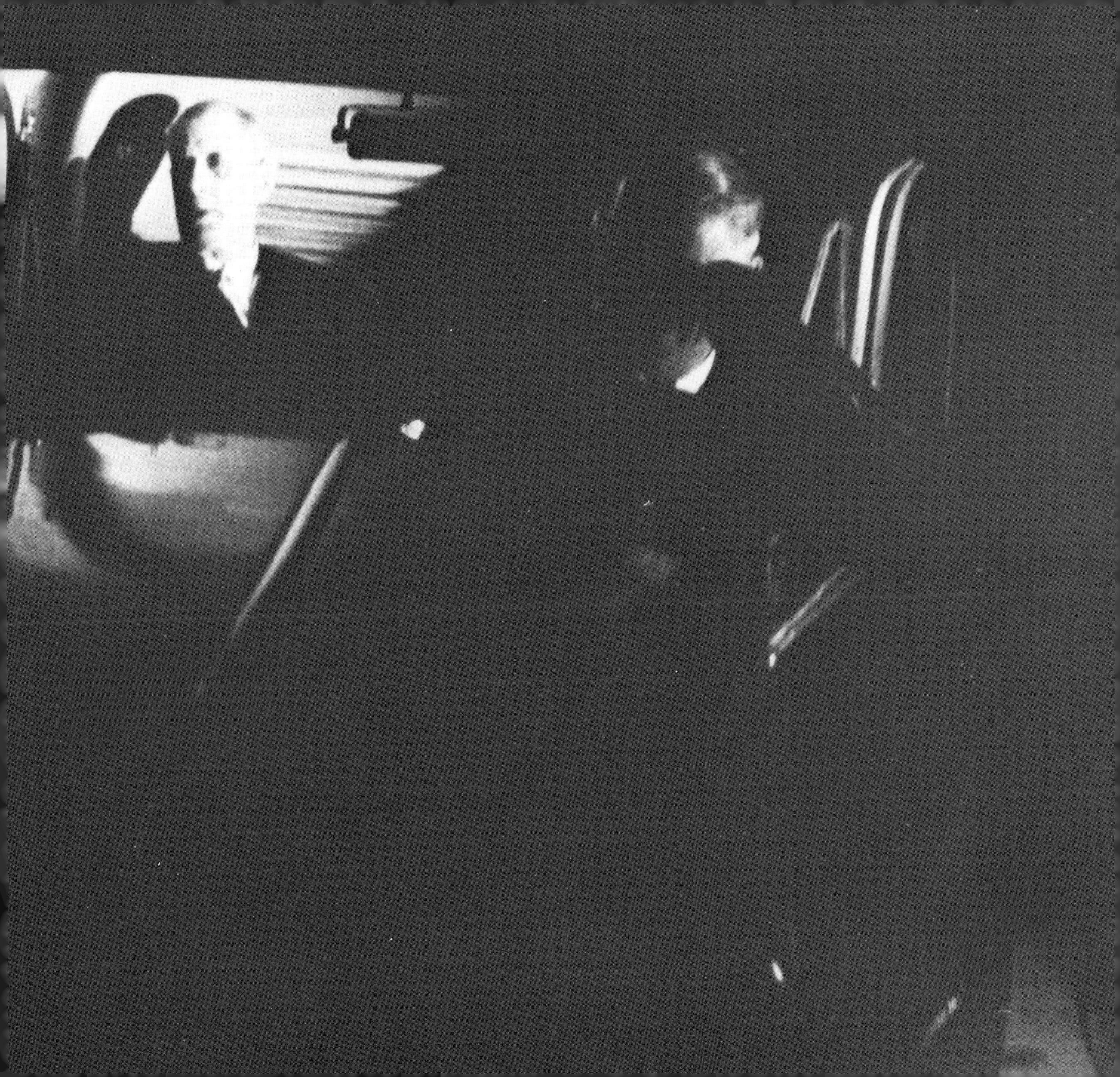

26 - Le ballet de l'Élysée

Les voitures de ces messieurs

attendent...

Félix Gaillard (15/6 1951).

Léon Blum (11 B 1938).

Le Général Catroux (15/6).

René Pleven.

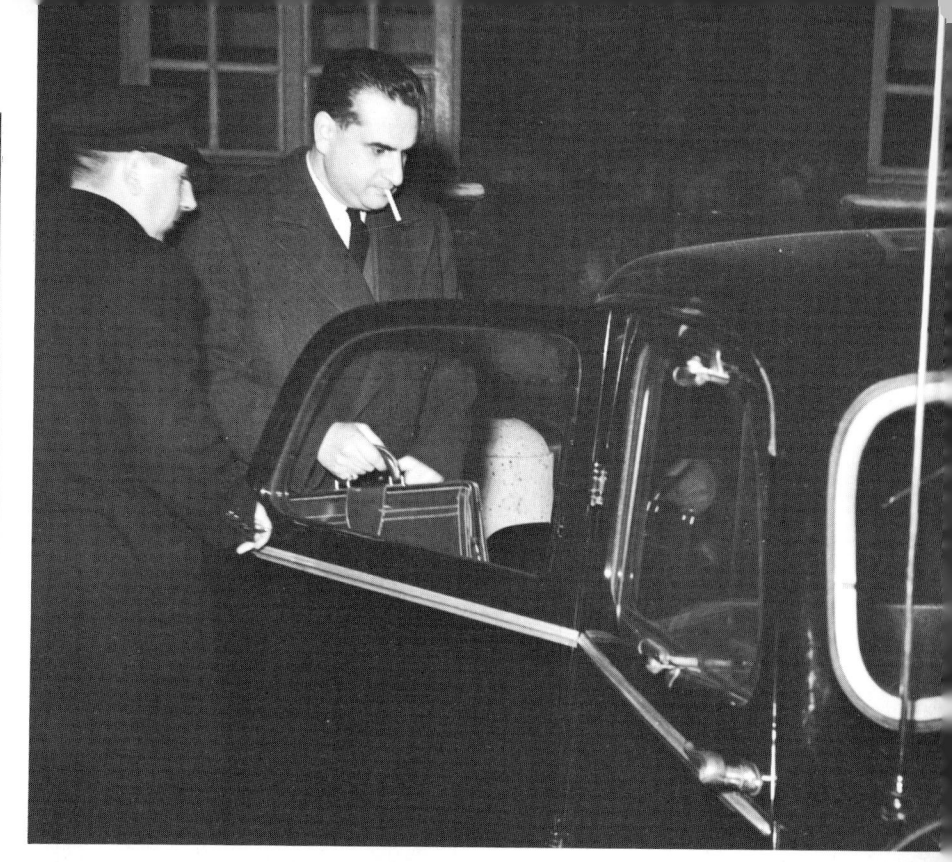

Robert Schumann (15/6 1951).

Christian Fouchet (15/6).

Pierre Mendès-France
(11 cv de 1953).

Antoine Pinay.

Jules Moch
(découvrable 11 cv,
enjoliveurs de roues Roberjel,
année 1946).

Georges Bidault.

124

Pierre-Henri Teitgen.

Paul Reynaud (11 B 1953).

Henri Queuille.

125

Édouard Herriot.

Edgar Faure.
A noter la lunette arrière spéciale et unique sur une 15/6 familiale.

Guy Mollet.

Jacques Chaban-Delmas (15/6).

127

27 - Le roi et le maréchal

Le roi du Maroc, Mohamed V (en lunettes noires) en visite à Paris s'apprête à partir à bord de sa 15.

A l'arrière de cette 15/6, le maréchal Juin entame une visite à Berlin.

28 - Le Général de Gaulle, un tractionniste passionné

*Le Général de Gaulle
quitte la rue de Solférino
avant son retour au pouvoir en 1958.*

*Rarissime photo montrant Madame de Gaulle au volant (1946). Le Général prend place dans sa 11 et s'apprête à quitter la Boisserie.
Paul Fontenille, qui tient la porte, est le chauffeur du Général; il prendra place à l'arrière de la voiture.*

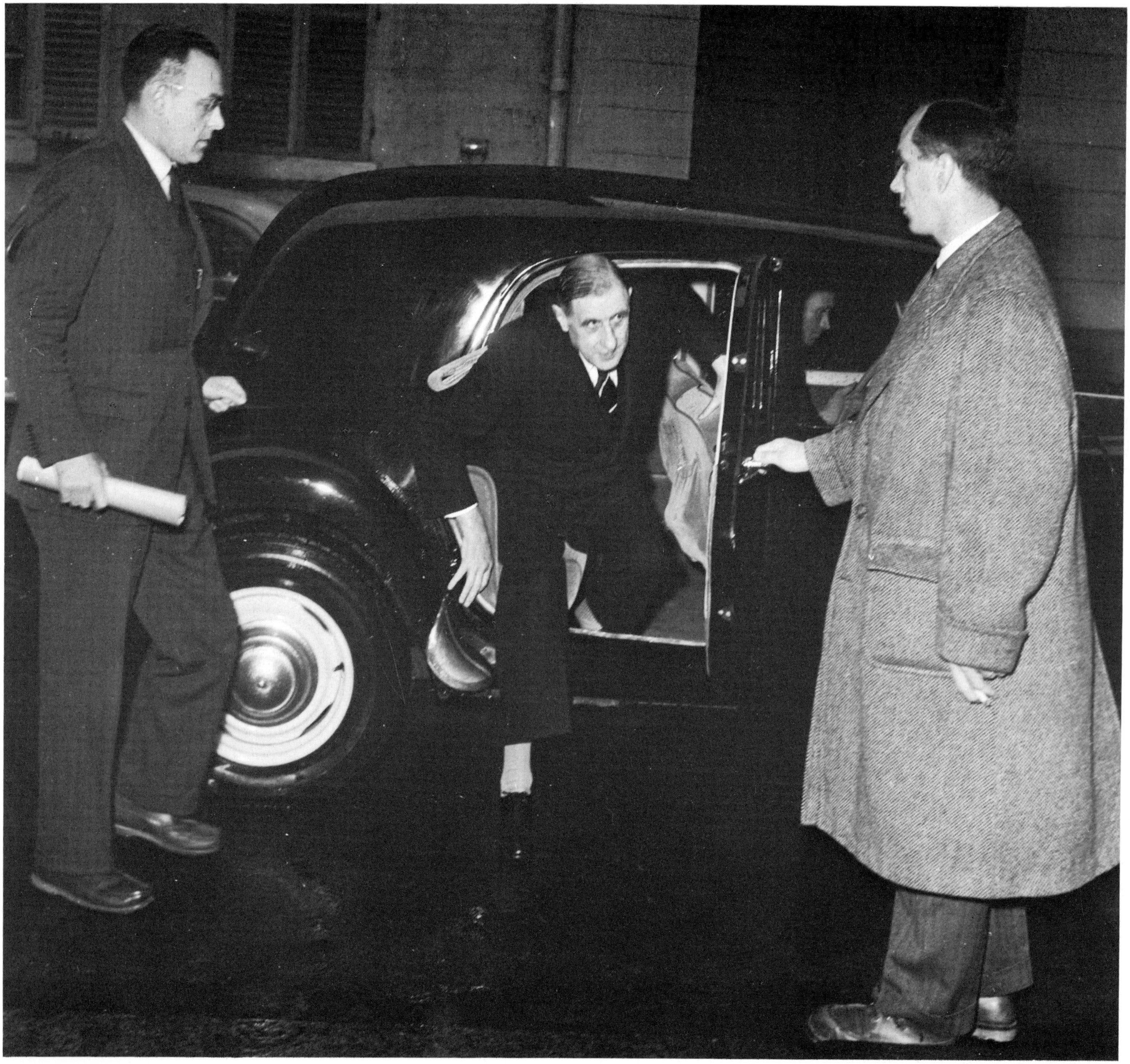

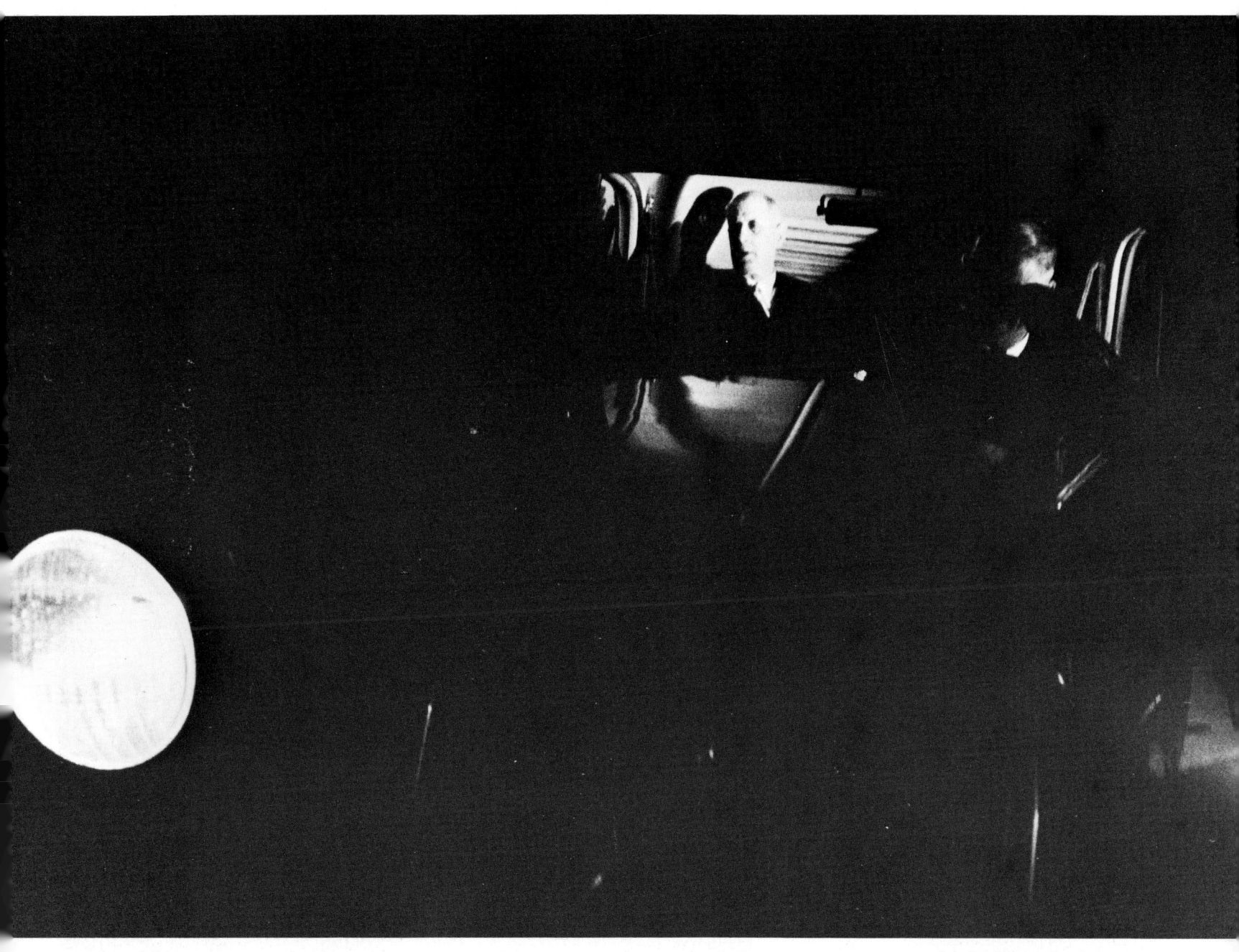

Mai 1958. Le Général de Gaulle a « entamé le processus » qui va le ramener au pouvoir. A son arrivée rue de Solférino, il descend avec dextérité de sa 15.

De Gaulle au fond de sa 15 dont les stores ont été abaissés.

De Gaulle fut systématiquement pourchassé par les photographes. Souvent il ne dut son repos qu'à la célérité de sa 15 et à l'habileté de son chauffeur. Les photographes n'hésitaient pas à lui faire la « courette » juchés sur le tan-sad des motos de presse.

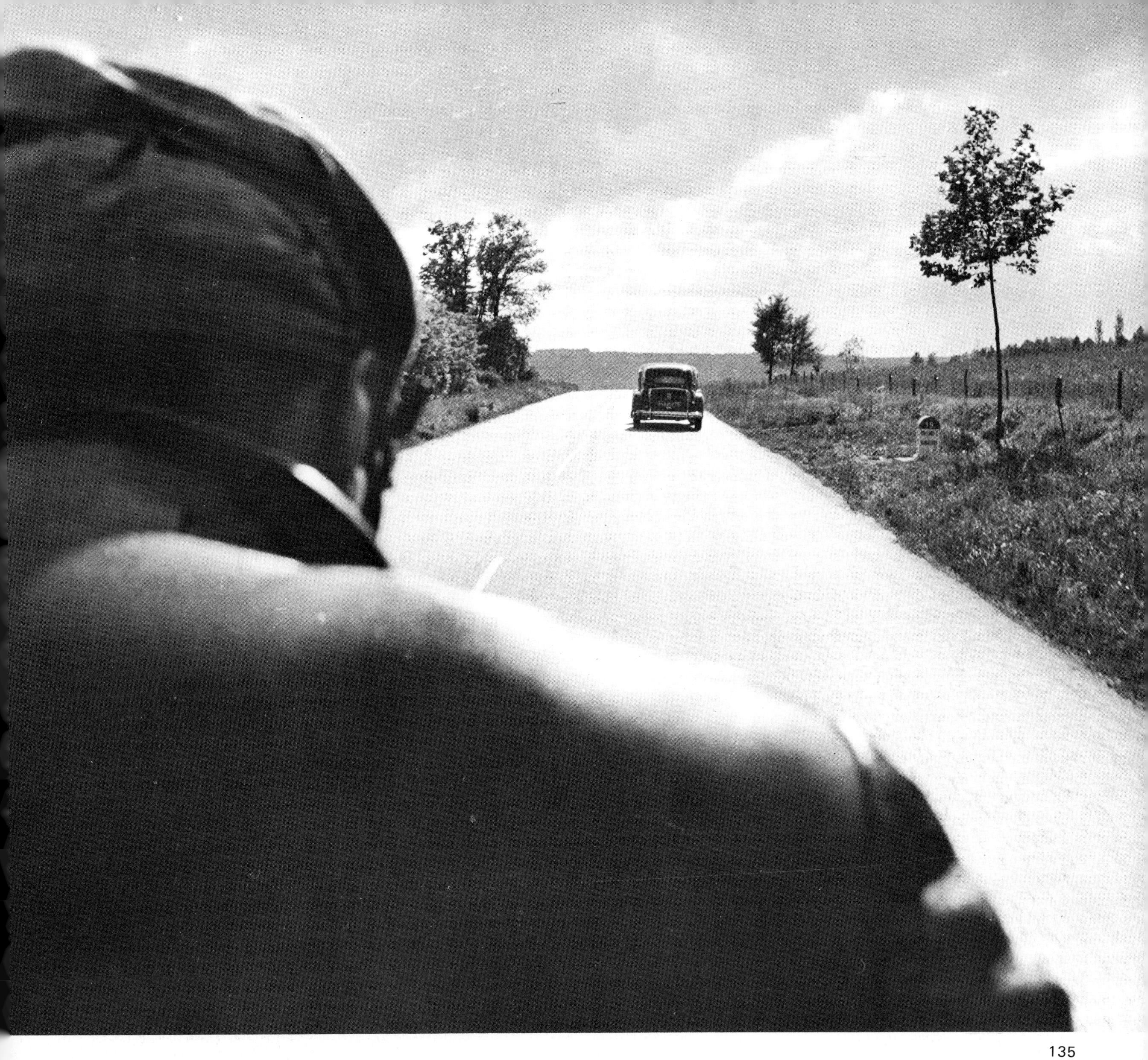

VI - PETITE CHRONIQUE DES EVENEMENTS QUOTIDIENS

Pendant plus de trente ans, il n'est pas un Français
qui n'ait rêvé de posséder une Traction avant.

Le spectacle de la rue de ces années-là est inimaginable
sans sa silhouette basse et le bruit feutré de son moteur.

Voici la saga des événements simples, drôles, tragiques
ou anodins qui jalonnèrent la vie fertile de la Traction avant.

Quand le 25 juillet 1957, la dernière Traction tombe de chaîne,
aucune cérémonie n'est organisée par les Michelin.

Un enterrement à la sauvette. La Traction entre au purgatoire.

Les jeunes la ressusciteront. Et le 27 février 1976
une flottille de plus de 100 Tractions avant défileront, en signe d'hommage,
dans l'usine de Javel sur le point d'être détruite.

La Traction avant n'est pas rancunière.

Elle a encore de longs et beaux jours devant elle.

277·BH75   6121·CK75

1934

Chez les concessionnaires

A Saint-Malo
Un client du concessionnaire Dufour ramène sa « 7 » au garage. La boîte de vitesses a lâché. La réparation est faite immédiatement. En sortant de l'atelier, le malheureux client se fait emboutir par un énorme camion Renault.

A Tours

Chez le concessionnaire Pichard, le garage abrite 3 Traction 7 et un cabriolet 11 de démonstration (à gauche) ayant des ennuis de boîte.
Dans l'atelier de peinture une voiture, 11 BL d'avant-guerre, en cours de finition.

1935

Le Salon

Au Cambodge

Lucien Hérault, directeur des glacières et brasseries d'Indochine commande avec trois de ses amis, en 1934, quatre Traction avant au concessionnaire de Pnom-Penh.

Les voitures mettent plusieurs mois à arriver par bateau. En février 1935, enfin, Lucien Hérault et ses amis prennent possession de leur flottille.

Les ennuis commencent. Les freins se bloquent. La boîte casse. Le pot d'échappement traîne par terre. Tout se dérègle. Le garagiste devient fou et renonce. Ils capitulent tous et revendent leurs Traction avant.

La flottille de Lucien Hérault (au premier plan). Elle se compose de 3 cabriolets et d'une berline.

Lucien Hérault au volant de la berline.

Pique-nique en forêt avec la berline. Au premier plan Madame Hérault.

1936

La guerre d'Espagne

Une 11 nationaliste devant des barricades destinées à stopper les armées gouvernementales.

Sur le front d'Aragon une 7 de 1934-35 du service d'information et de propagande de la République espagnole fait le plein.

Le président Lebrun visite le stand Citroën au Grand Palais. La 22 a disparu. Les familiales sont les vedettes du stand.

1937

Le Salon

Des accidents

Dans la banlieue parisienne, Mademoiselle Lavergue a dégringolé la pente qui conduit à la ligne de chemin de fer. Les gendarmes préviennent la mère de l'accidentée. Elle est très surprise d'apprendre que sa fille possède une voiture.

Une familiale arrive au Salon de l'Auto.

Durant le Salon, les visites de sécurité gratuites sont organisées. Ici une 11 BL de 1936 qui vient de subir les tests.

Une 11 a plongé dans la Seine près de Villennes. Il s'agissait d'un règlement de compte entre truands.

*Deux Traction entrent
en collision avenue Daumesnil
le 20 mars 1937.*

Accident en pleine nuit, au cœur de la capitale (cabriolet 11 BL 1937).

*Près de Biarritz M. Larroque s'endort au volant.
C'est son second accident. La première fois, il faillit être englouti à la suite d'une fausse manœuvre sur la plage de Biarritz.*

Pierre Michelin se tue au volant de cette 11, le 29 décembre 1937 près de Montargis.

145

1938

La réquisition

Le Salon

Cette 15 de 1938 possède un toit ouvrant Celer et des marchepieds.

Cette 11 BL munie d'un haut-parleur annonce la réquisition aux populations du Var.

Au bois de Vincennes à Paris, la troupe réquisitionne cette 11 BL.

Derniers préparatifs avant le Salon.

Tenue d'hiver pour la 11 B.

1939
La rue

A Paris. Deux Traction avant prennent le souterrain de la porte Clignancourt qui vient d'être ouvert le 29 avril 1939.

18 h. Sortie du personnel quai de Javel le 21 avril 1939.

Au départ du Tour de France, la 11 BL 1938 de « La Tribune Républicaine ».

Un journaliste français est chargé par son journal de tester les autoroutes allemandes. Il choisit la Traction.

Le froid

Pas de protection et voilà le résultat par −19° C.

La dernière épreuve du rallye de Chamonix : un slalom sur la glace.

Quand il fait très froid à Paris et que la voiture démarre bien, on peut même faire du Traction-ski avenue Foch.

Un bon plaid est quelquefois le meilleur des anti-gel.

1940-1944
La guerre

11 BL 1938 avec sa remorque-gazogène « Baco »

11 familiale 1939 lyonnaise équipée d'une remorque-gazogène « Charles Métroz ».

Solution originale d'un carrossier pour noyer les bouteilles de gaz dans le spider de ce faux cabriolet modèle 1936. Photo prise à Nice en 1943.

Taxi hollandais photographié en 1942. Son peu discret chargement est en réalité un sac de gaz qui ne pèse pas très lourd.

Station de chargement de gaz naturel à Montauban. L'écriteau précise : « MM. les clients sont priés d'évacuer leur véhicule pendant le chargement ».

Page de droite, en haut : 11 BL. A noter le couvre-roue de secours permettant d'emporter deux roues.
En bas : 15/6 1939.

Solution pour bouteilles de gaz proposée par les Établissements Tubauto à Levallois-Perret (15/6 1939).

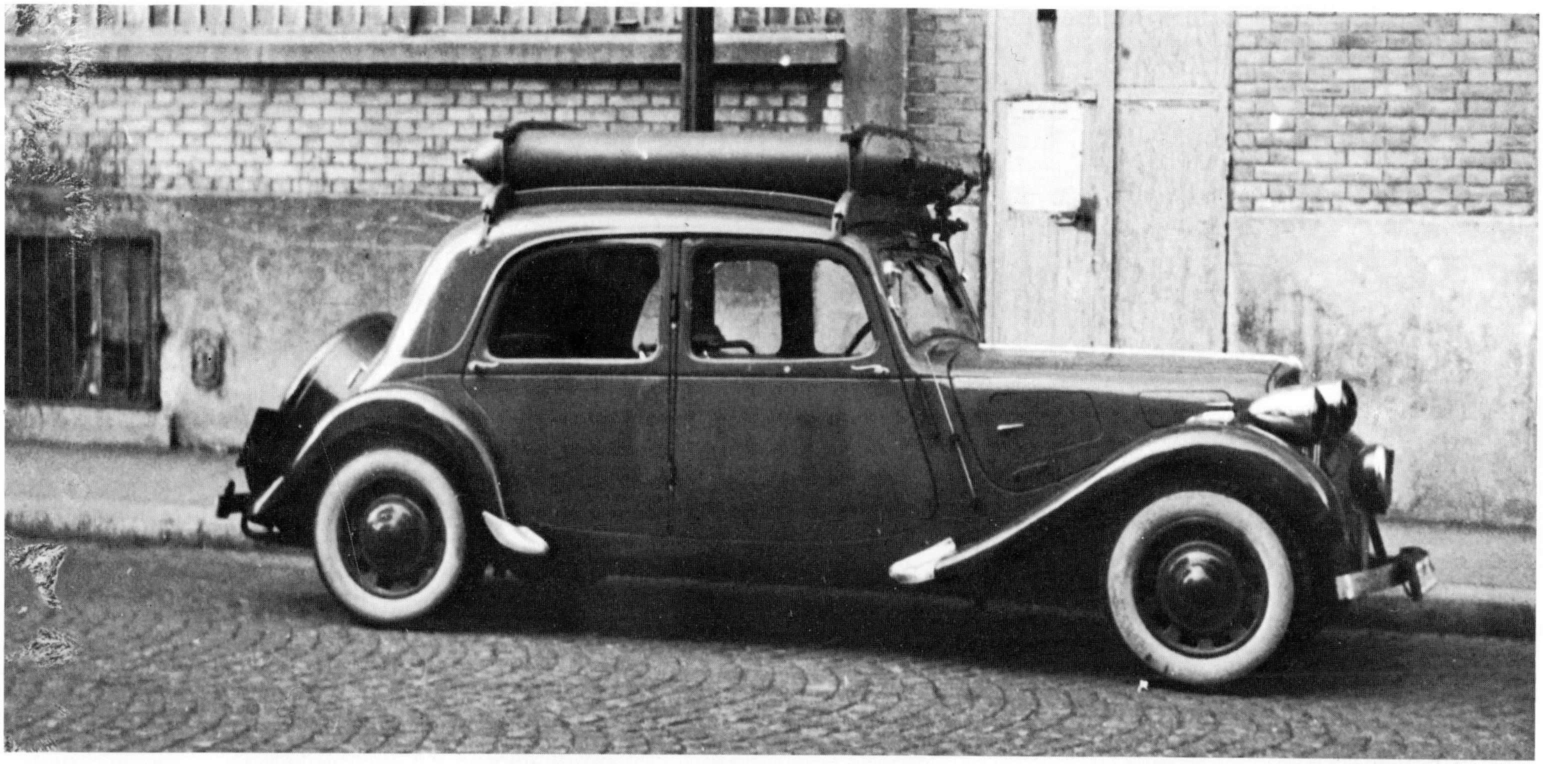

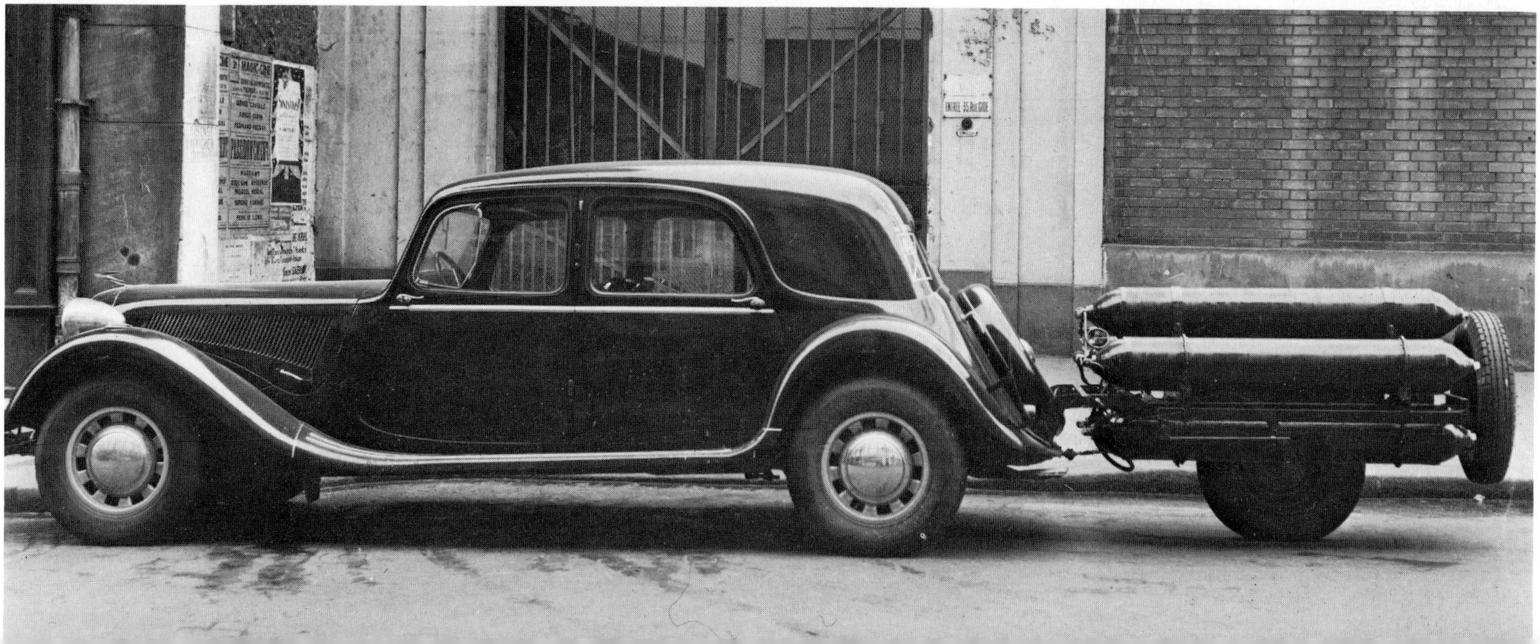

1945-1947
Des militaires

Algérie 1945.

Atelier de réparation de l'armée en Algérie (1945). 11 BL 1937.

Un bel alignement de « 11 » militaires peintes en kaki à la conférence de la Paix en 1946.

Atelier de réparation militaire mis à la disposition du Jamboree Scout International en 1947. La voiture est un des premiers cabriolets (1935).

1948-1949

La rue

15 décembre 1949. Embouteillages à l'Opéra par suite de la mise en place de nouveaux sens interdits. Au premier plan, une Traction de la police. La calandre spéciale cache une dynamo supplémentaire pour alimenter la radio de bord.

17 novembre 1949. Le stationnement « en épi » est obligatoire sur les trottoirs des Champs-Élysées. Cinq voitures sur vingt sont des Traction.

1950

Le concours Lépine

Mai. « La Maison roulante » présentée par M. René Lucas au salon des Inventeurs de la Porte de Versailles.

Inondation

Le Salon de l'occasion

Août. Une tornade inonde Dijon. Le beau cabriolet doit être sauvé des eaux.

Octobre. Au Salon de l'occasion 1950, une 11 cv légère de 1936 vaut le même prix qu'une Chevrolet de 1939.

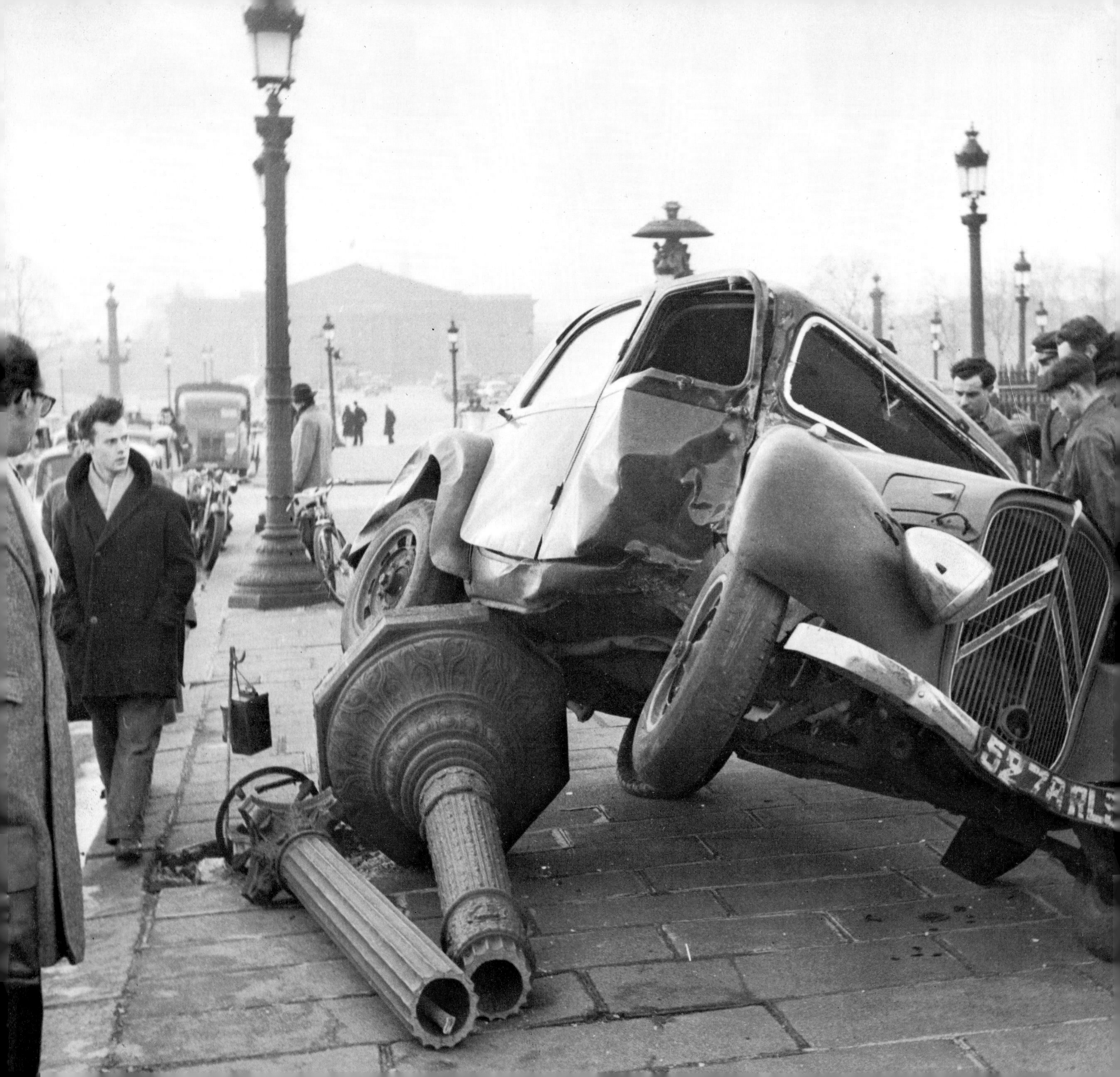
5278 RL

Des accidents

Novembre. Place de la Concorde, Traction 11 BL 1938 contre réverbère. Les deux ont souffert.

1951
A Paris

Campagne contre le bruit. Un inventeur présente un système d'avertisseur lumineux fonctionnant avec une cellule électrique. Un coup de phare donné par le « doubleur » fait apparaître un signal sur le tableau de bord du « doublé ». La voiture est aussi munie d'une malle « Raoul ».

De nouveaux sens interdits dans la capitale provoquent des valses-hésitations.

A Saïgon

Taxis à Saïgon.

La 15 du Général Delaye.

165

*Gymkhana organisé
lors du Noël sportif
du Combattant à Saigon.*

*La Traction immaculée
de l'Amiral Thierry d'Argenlieu.*

Guerre de rues à Saigon.

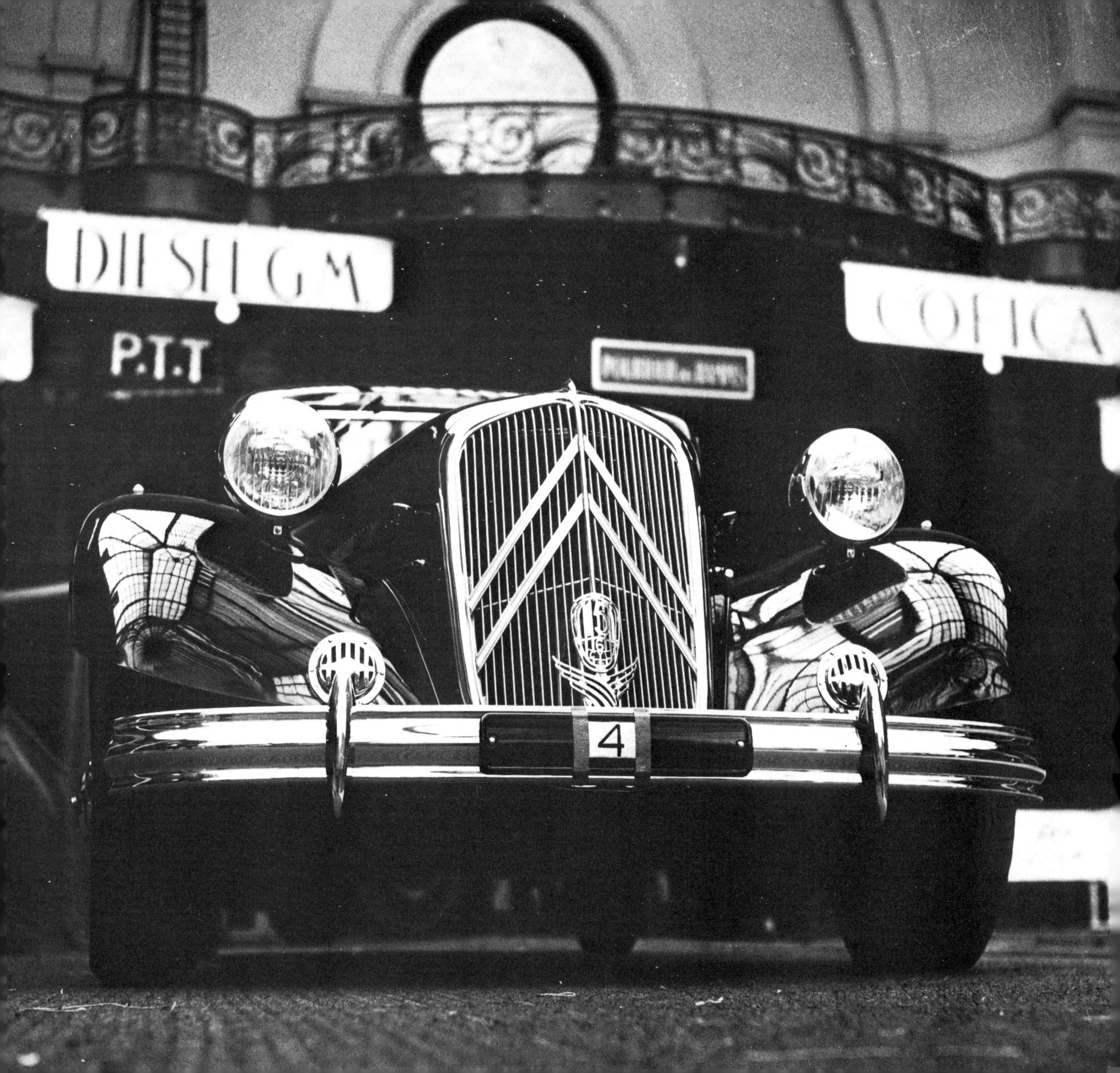
DIESEL GM
P.T.T
COFICA
4

Le Salon

Le Tour de France

*Déballage de
quelques beaux jouets
au Salon de 1951.*

*Tour de France 1951.
La découvrable de « L'Humanité ».*

1952

A Bruxelles

Coques destinées à l'usine de montage belge.

Dans le métro

Ces deux Traction ont fini leur course dans la bouche du métro Opéra. Pas de victime.

Ce faux cabriolet 11 AL a été « écrabouillé » en pleine nuit le 3 février 1952 à l'angle de la rue du Sahel et de l'avenue du Général-Bizot à Paris.

Pas de blessés non plus pour cette Traction qui a dévalé en marche arrière les escaliers d'une station de métro.

Collision entre un taxi et une voiture particulière rue Pascal à Paris.

1953

La publicité

Première publicité pour la 15 H qui sera commercialisée à partir d'avril 1954.

La 15/6.

La 15/6.

Une 11 vraiment familiale.
Les figurants sont des employés de l'usine.

Une agence de publicité a engagé cette belle famille française.

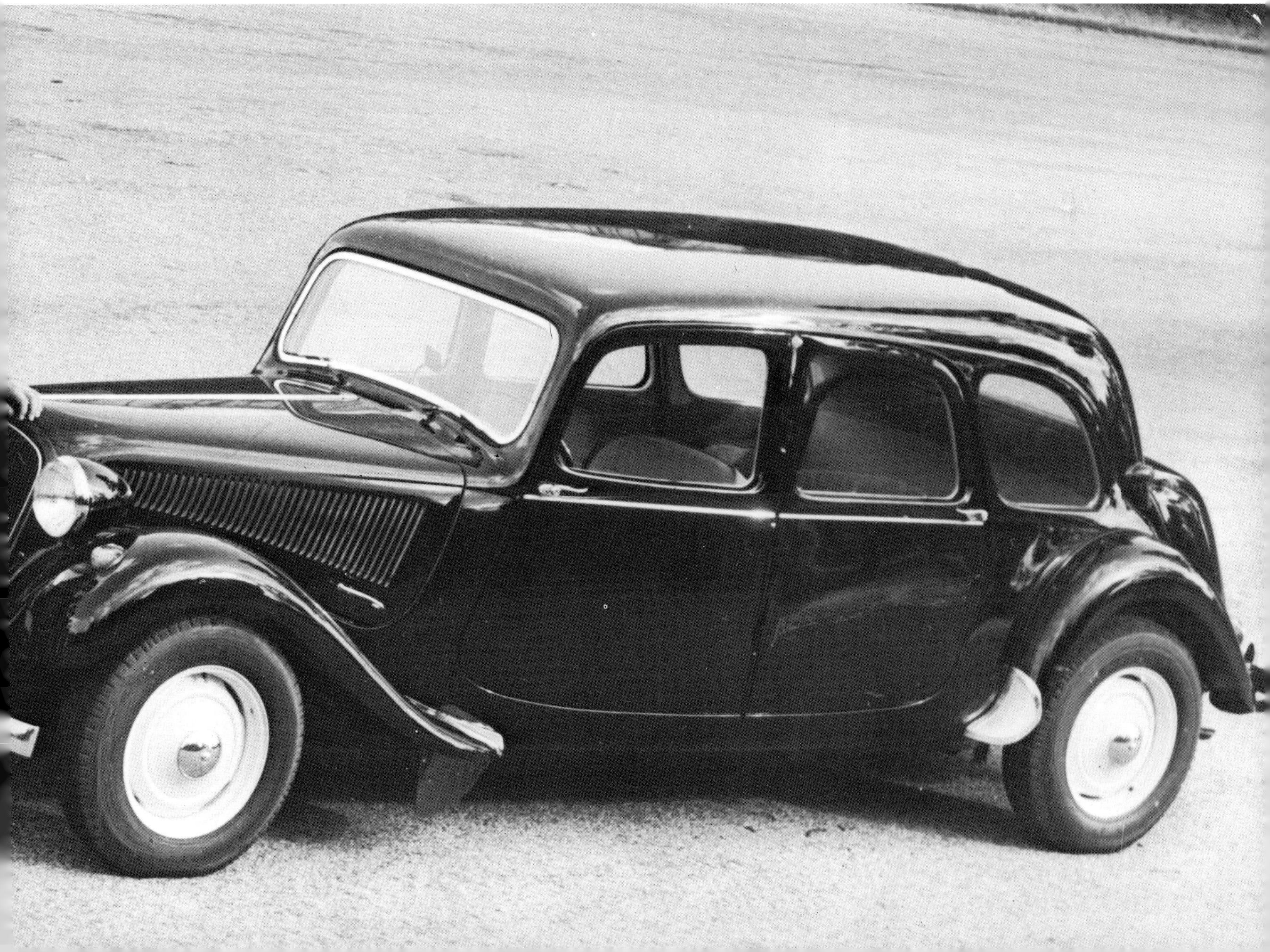

Dans la rue

La police va dresser une contravention à cette 15 dont les phares sont mal réglés. Devant la recrudescence des accidents, la Préfecture a, en effet, décidé de procéder à des vérifications surprises à l'intérieur de la capitale.

Au mois d'août c'est la grève des transports en France. Aux portes de Paris, une 11 BL est prise d'assaut par des auto-stoppeurs.

Le Tour de France

Cette voiture de la presse filmée accompagne le peloton dont le leader déteste les photographes. Le toit a été découpé pour permettre au cameraman de sortir.

1954
Les vedettes

Une Big Fifteen
(11 Normale anglaise)

Jean Gabin descend de sa 11 BL.

Le carrossier Esclassan a réalisé ce modèle de carrosserie sous l'appellation Splendilux.

179

1955

La « 15 » d'Yvette Horner

Yvette Horner accomplit onze Tours de France dont deux juchée sur cette 15. Elle jouait pendant des dizaines de milliers de kilomètres avec un accordéon pesant treize kilos. La voiture était sonorisée avec deux haut-parleurs (un à l'avant et l'autre à l'arrière). Un des organisateurs eut l'idée de remplacer la vraie Yvette par un mannequin dont les jupes cachaient un haut-parleur. La foule furieuse lapida la fausse Yvette. La vraie dut remonter immédiatement sur son trône. L'accordéoniste n'avait confiance qu'en un seul chauffeur : son mari.

YVETTE HORNER
Le Parisien
TOUR DE FRANCE 55
L'EQUIPE
435
L'EQUIPE
TOUR DE FRANCE 55
Le Parisien
9392-DR75
435

1956

Les transformer

Deux projets du bureau d'études Citroën pour donner une seconde vie à la Traction avant dont la carrière s'achève.

Le « Miro-Taxi » était destiné à appeler les taxis de loin. La pancarte était lumineuse et donc visible à 400 mètres. Les « Miro-Taxi » étaient plus spécialement destinés aux portiers des grands hôtels parisiens. Cet accessoire « moderne » avait été mis au point dans le cadre de la campagne anti-bruit qui obsédait alors les édiles parisiens. Ceux-ci estimaient en effet que le « Hep taxi » était un bruit insupportable aux oreilles des habitants de la capitale.

Premiers essais de radio-taxis pour les taxis parisiens. C'est une 11 qui fut la première équipée le 18 janvier 1956.

1957

La dernière

La dernière plaque d'identification est apposée.

25 juillet 1957. C'est la dernière. Une 11 familiale. Elle n'est pas encore entièrement montée, mais les ouvriers ont déjà accroché un modeste bouquet de fleurs sur le pare-brise.

M. Dufour, concessionnaire à Saint-Malo, monte dans la familiale en bout de chaîne. Sur la plaque minéralogique avant, le mot FIN; à l'arrière, les ouvriers ont accroché un fanal rouge.

M. et M%me% Dufour sont venus spécialement de Saint-Malo pour prendre livraison de la dernière Traction. Ils pensaient assister à une petite fête. Rien n'en fut : ni discours... ni cérémonie... aucun officiel... un enterrement à la sauvette.
Ici, la voiture sort du garage du quai de Javel et prend directement la route de Saint-Malo.

1976

27 février 1976. L'usine du quai de Javel va être détruite. 100 voitures environ, appartenant à la nouvelle génération des amoureux de la Traction défilent dans ce qui fut le hall de montage.

De passage à Paris : M. Törnblad fondateur du club suédois de la Traction avant. Des clubs s'ouvrent dans le monde entier. Un nouveau succès pour la voiture d'André Lefebvre.

VII - LES ANNEXES

ANNEXE 1

L'évolution de la Traction avant

*Depuis plusieurs décennies, livres et revues
font état de chiffres, modèles, modifications et caractéristiques
des différents modèles de Traction avant...
et tout le monde s'y perd.
Or un document irréfutable existe.
Il a été rédigé par une patiente équipe de l'usine Citroën en 1955.
Ce document confidentiel fut imprimé pour les concessionnaires
et les agents de la marque.
Il est publié ici intégralement pour la première fois.*

*En lisant ces pages attentivement, on s'aperçoit
qu'elles fourmillent de dates, de précisions et de détails.*

Le saviez-vous?

- *La « 7 A » possédait une suspension Plymouth (page 193).*
- *La première voiture « 11 A » est sortie en février 1934 (page 200).*
- *Le 25 novembre 1938, le chauffage est installé sur la « 7 E » et la « 11 B » (pages 198 et 204) (Ouf!).*
- *Les modèles « 7 Éco » et « 11 CV Perfo » sont sortis le 10 mars 1939 (page 205).*
- *Le 30 août 1946, les premiers sabots d'ailes apparaissent (page 206).*
- *Après l'arrêt de la « 15/6 » quelques modèles spéciaux sont destinés à des carrossiers.*

Ces documents constituent la seule base valable pour le collectionneur qui restaure ou l'amoureux qui désire mieux connaître l'évolution de la Traction avant. Ils comportent néanmoins quelques petites erreurs au niveau des dessins et de la chronologie (en mélangeant les détails des modèles — il faut alors se référer au texte qui fait foi —) et soulèvent quelques questions que nous traitons ici.

Les problèmes de n° de châssis

La série « 7 A » s'arrête au n° 7 000, la « 7 B » commence au n° 10 000, où sont passés les 3 000 numéros manquants? Nous pensons qu'il s'agit d'une simplification dans la numérotation pour bien distinguer les deux séries. La « 7 B » s'arrête au n° 30 620 soit en réalité 20 620 voitures, mais la « 7 S » commence au n° 20 001 et s'arrête au n° 21 500, soit 1 499 « 7 S » construites et intercalées dans la numérotation de la « 7 B » ce qui nous fait exactement : 19 121 « 7 B » construites.

La « 7 C » commence au n° 50 000; entre la série « 7 B » et « 7 C », encore 19 380 numéros qui n'existent pas. La « 7 C » est très différente, on la singularise donc par un numérotage qui enlève tout doute sur le modèle en cas de contestation ou fraude quelconque.

La numérotation est plus délicate en 1936 qui voit avec le n° 80 000 l'arrêt de la « 7 C » sans crémaillère et le début de la « 7 C » avec crémaillère au n° 80 331. Que sont devenues les 331 unités? Étaient-ce des voitures d'essais? Des protos? Des voitures de services internes à l'usine?

La « 11 C » (commerciale) commence en 1938 au n° 290 000, alors que la « 7 C » en est seulement au n° 208 000. Ce qui laisse à penser que la série « 7 C » aurait pu continuer encore quelques année. La numérotation des « 7 C » s'arrête au n° 219 800 en 1940, cependant 150 autres « 7 C » sortiront encore jusqu'en juin 1941.

Pour la « 11 C », les numéros se chevauchent dans les nomenclatures de l'usine, il faut lire en réalité :
1937
1938 : n° 290 000 à 291 191
1939 : n° 291 192 à 292 669
1940 : n° 292 670 à 293 211
1941 : n° 293 212 à 293 561

En 1954, la « 11 C » reprendra au n° 293 563.
Un oubli, il manque, sur certaines nomenclatures, l'année 1945. La différence des numéros de châssis donne en théorie pour 1945 : « 11 BL » : 3 100 unités, or la *Revue Technique Automobile* donne 1 000 BL seulement en 1945.

La « 11 B » ne sera reprise qu'en 1947, la production s'en était interrompue en 1942.

En 1954, la « 11 C » reprend au n° 293 563, elle était arrêtée depuis 1940 au n° 293 500, que deviennent les 63 numéros manquants?

Quant au fameux cabriolet 15/6, nulle mention, alors qu'il aurait dû être fabriqué et commercialisé si la guerre, une fois de plus...

Fabien SABATÈS et **Olivier de SERRES**

CITROEN
Type 7

7 A - 1934

Le N° de châssis se trouve
- **Sur le bord extérieur du jambonneau droit** (sens marche) - côté tablier.

MODELE AYANT UNE PUISSANCE FISCALE DE 7 CV

1934　7 A　Châssis N° 1 à 7.000

Modèle fabriqué en série :
– Berline

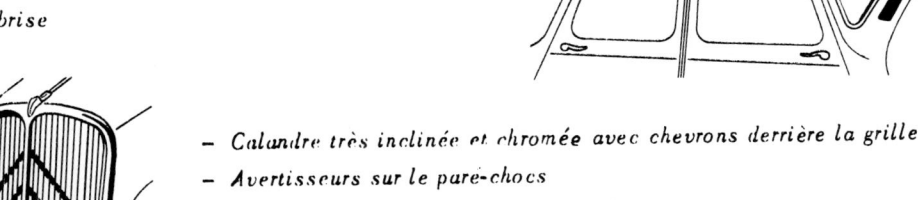

- **Moteur 72 × 80**
  Indication de la course et de l'alésage venue de fonderie sur le bloc-moteur. Alésage indiqué également sur la plaque moteur.
- Toit souple
- Deux trappes d'aération sur l'auvent
- Essuie-glace avec pivots au-dessus du pare-brise  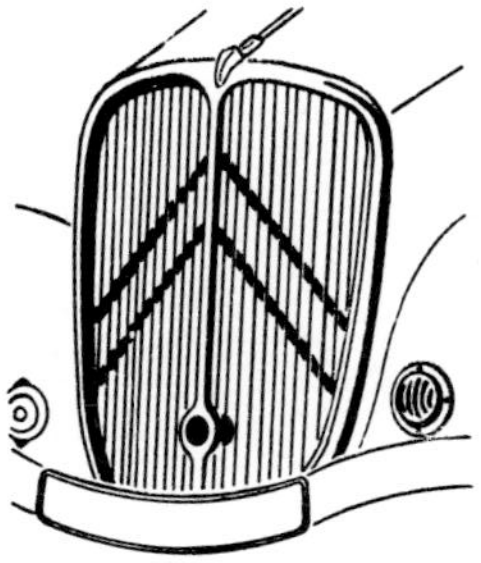
- Calandre très inclinée et chromée avec chevrons derrière la grille
- Avertisseurs sur le pare-chocs
- Pas d'entretoise avant entre les jambonneaux
- Aération du moteur par quatre volets pivotants 
- Pas de coffre arrière
- Deux bouchons de remplissage du réservoir d'essence
- Roues à voile plein et enjoliveurs saillants
- Les toutes premières 7 A ont la plaque de police sur la malle 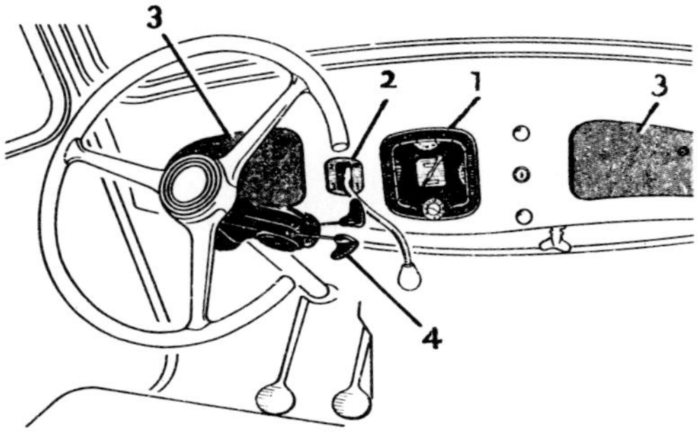
- Sièges pulmann
- Tableau de bord au centre de la planche de bord
- Indication des vitesses en chiffres ovales, sur plaquette à coins arrondis
- Deux boîtes à gants
- Commodo à deux palettes ou au centre du volant par commande à rotation combinée avec contact à trois positions au tableau
- Suspension « Plymouth » du moteur, radiateur flottant
- **ESSIEU ARRIERE TUBULAIRE**
- Suspension par barres de torsion et amortisseurs à _friction_

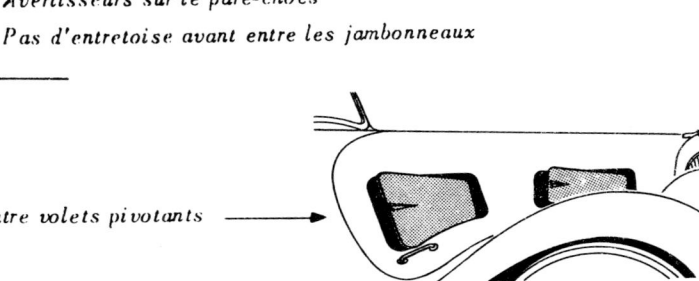

Ces modèles sont montés avec cardans　Tracta　ou joints à billes - Direction Gemmer

7-1

Reproduction interdite

— CITROEN

MODELES AYANT UNE PUISSANCE FISCALE DE 11 CV

1934 7 S   Châssis N° 20.001 à 21.500

Modèles fabriqués en série :
- Berline
- Cabriolet
- Coupé

Modèle 7 Sport
- Identique au modèle 7 A mais moteur SPORT - 11 CV fiscaux - 78 × 100

MODELES AYANT UNE PUISSANCE FISCALE DE 9 CV

1934 7 B   Châssis N° 10.000 à 30.620

Modèles fabriqués en série :
- Berline
- Cabriolet
- Coupé

Modèle dérivé de la 7 A ; lui est identique extérieurement, mais moteur 9 Cv fiscaux - 78 × 80
- Sièges Pulmann
- Toit souple
- Essieu tubulaire
- Tableau de bord au centre de la planche de bord
- Pas de malle ouvrante ....

En fin d'année, un petit nombre de voitures est sorti avec des cardans Spicer

1934 7 C   Châssis N° 50.000 à 56.700

Modèles fabriqués en série :
- Berline
- Cabriolet
- Coupé

Moteur 72 × 100
- Essieu tubulaire
- Toit tôlé (sauf quelques exemplaires)
- Sièges tubulaires (sauf les quelques premières)
- Le reste identique au modèle 7 A

Pour tous ces modèles, les indications de course et d'alésage sont venues de fonderie sur le bloc-moteur.

L'alésage est également indiqué sur la plaque du moteur.

CITROEN

Modèles fabriqués en série :
- Berline
- Cabriolet

1935 7 C   Châssis N° 56.701 à 71.400
puissance fiscale 9 CV

- Même description que la 7 A, mais
- Toit entièrement tôlé

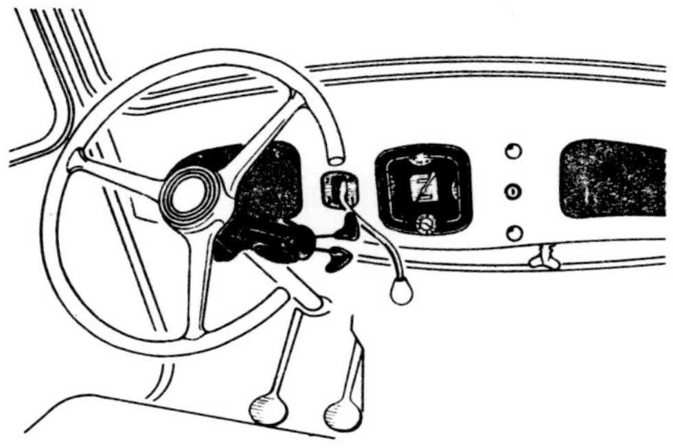

- Commodo à deux palettes

- Quelques cardans à billes au tracta montés jusqu'en fin Février

MAI 1935 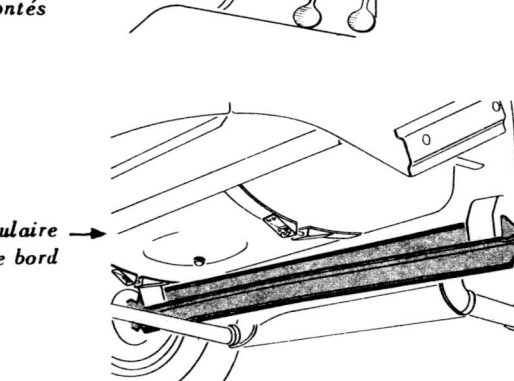
- Essieu **CRUCIFORME** et non plus tubulaire
- Le reste sans changement (tableau de bord au centre de la planche de bord)

ET

Amortisseurs **TELESCOPIQUES**

SEPTEMBRE 1935
Malle ouvrante (voir 1936)

Attention !

Pour Citroën, les Numéros de châssis sont comptés du 1er Janvier au 31 Décembre.

Reproduction interdite

7-2

— CITROEN

Traction avant 7C - 9Cv (suite)

1936 7C

Sans crémaillère —
 Châssis N° 71.401 (sorti le 1/1/36) à 80.000
Avec crémaillère —
 Châssis N° 80.331 à 93.000 (sorti le 31/12/36)

Modèles fabriqués en série :
- Berline
- Cabriolet
- Coupé

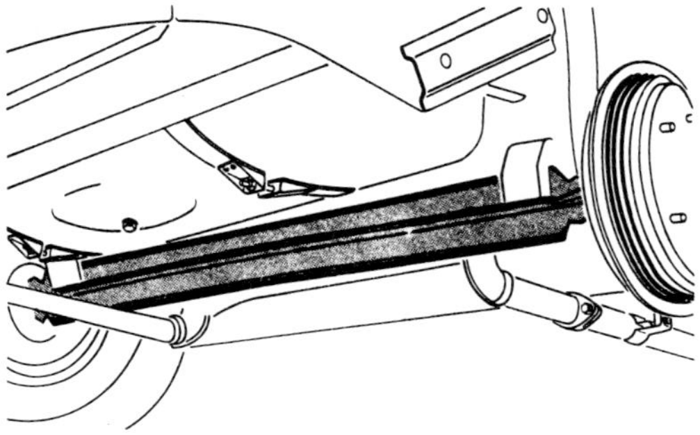

- Essieu arrière CRUCIFORME
 (depuis Juin 1935)

- Malle avec porte extérieure
Fin 1935

- Avertisseur derrière les ailes avant avec grilles rondes
- Chevrons placés à l'extérieur de la calandre, qui est peinte et non plus chromée
- Un seul volet d'aération sur l'auvent

↑ **15 MAI 1936 - DIRECTION A CREMAILLERE - Châssis 80.331**

- Echappement à l'avant

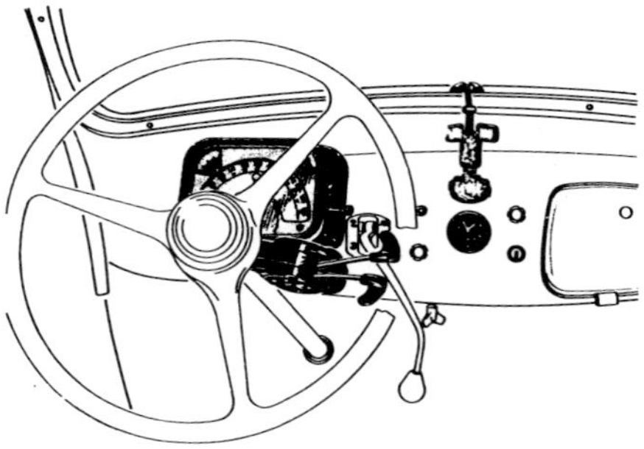

JUIN 1936
Tableau de bord sous le volant

- Montre sur la planche de bord

CITROEN

Traction avant 7 C - 9 Cv (suite)

1937 · 7 C   Châssis   N° 93.001 à 100.000
                  Châssis   N° 200.001 à 204.300

Modèles fabriqués en série :
- Berline
- Cabriolet
- Coupé

1er Mai 1937 —
- Trappe de visite pour le réservoir d'essence

1er Juin 1937 —
- Suppression des ouvertures de klaxon sur les ailes avant
- Avertisseurs montés sur le couvercle de la boîte de vitesses

20 Octobre 1937 —
- Montre supprimée sur la planche de bord, commodo nouveau modèle (voir 1938)
- Les roues sont encore du type « à jantes pleines »

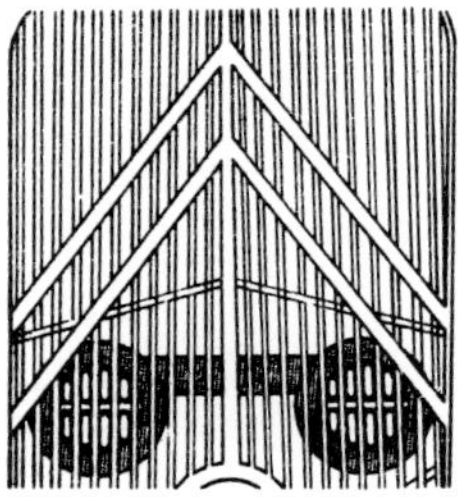

1938 7 C
ROUES PLEINES - Châssis N° 204.301 (sorti le 1/1/38) à
              Châssis N° 204.800 (sorti le 15/1/38) à
ROUES PILOTE - Châssis N° 204.801 (sorti le 15/1/38) à
              Châssis N° 210.500 (sorti le 31/12/38)

Modèles fabriqués en série :
- Berline
- Cabriolet
- Coupé

Jusqu'au Châssis N° 204.800 (sorti le 15/1/38) - ROUES PLEINES Type 1937 avec les modifications ci-dessous :

20 Octobre 1937
- Commodo nouveau modèle remplaçant celui à deux palettes
- Montre dans le tableau de bord et non plus au centre de la planche de bord

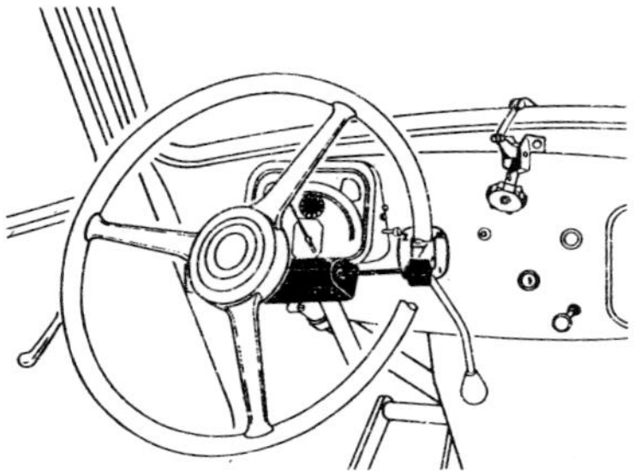

10 Janvier 1938 — Ailes élargies en prévision de l'adaptation des roues « Pilote » (les roues sont encore pleines)

Après le châssis N° 204.801

17 JANVIER 1938 - Type PILOTE
- ROUES " PILOTE " à rayons 155 × 400

1er Mars —
- Verrouillage des vitesses par la pédale d'embrayage (châssis N° 205.350)

1er Juillet —
- Garnitures intérieures à coins arrondis

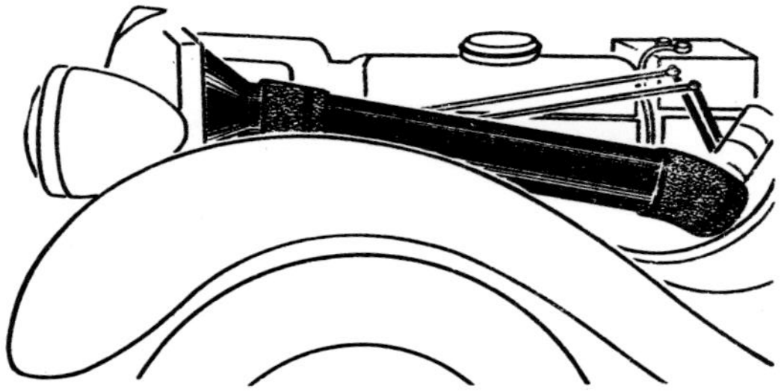

25 Novembre —
- Chauffage par air chaud pris sur le radiateur

7-3

Reproduction interdite

CITROEN

Traction avant 7 C - 7 ECO

1939 7 C Châssis N° 210.501 (1/1/39) à
212.000 (25/2/39)

Puissance fiscale 9 Cv

Modèles fabriqués en série :
- Berline
- Cabriolet
- Coupé

- *Chauffage par air chaud pris sur le radiateur (dès Novembre 1938)*

20 Janvier
- *Suppression du contreplaqué à l'intérieur de la porte du coffre arrière*

1er Février —
- *Carrosserie insonorisée*

18 Juillet 1939 —
- *Dossier arrière accroché et non plus articulé*
- *Le reste sans changement, c'est-à-dire :*

Capot à quatre volets, pare-chocs cintrés sans butoirs, pas de baguettes de portes......

7 ECO
1939 Chassis N° 212.001 (25/2/39) à
218.600 (31/12/39)

Modèles fabriqués en série :
- Berline

25 Février 1939 —
- *A partir du châssis N° 212.001, sortie de la 7 ECONOMIQUE*
  - Compression 6,2
  - Réglage pauvre
  - Rapport de pont plus long 10 × 31

7 ECO
1940 Châssis N° 218.601 (1/1/40) à
219.800 (Avril 1940)

Modèles fabriqués en série :
- Berline

- *Identique au modèle 7 ECO - 1939*
- *Dernière voiture sortie en Avril 1940*

198

CITROEN
Type 11

11 B - 1955

Le N° de châssis se trouve

En double

- Sur la plaque de constructeur, au bord externe du jambonneau droit (sens marche) - côté tablier.
- Matricé sur le haut du jambonneau opposé, à droite de la bobine.

CITROEN

1934
- **11 AL** (légère) Châssis N° 350.000 à 351.500
- **11 A** (normale) Châssis N° 100.000 à 103.300

Modèles fabriqués en série :
- Berline

1ère voiture sortie en Février 1934 - Moteur 11 Cv -

- **ESSIEU ARRIERE TUBULAIRE**
- Pas de porte de malle arrière
- Deux bouchons de réservoir d'essence
  Plaque de police sur l'aile arrière gauche
  ou dans l'axe de la voiture (premières sorties)
- Sièges genre Pullman (<u>sans tubes</u>) 
- Tableau de bord au centre de la planche de bord
- Deux boîtes à gants
- Indication des rapports de vitesses en chiffres arabes sur plaquette à coins arrondis
- Commodo par rotation au centre du volant avec commutateur au tableau   1
  ou à deux palettes   2 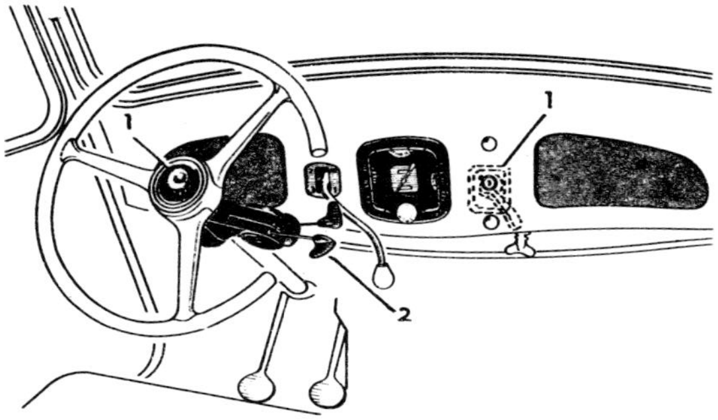
- Avertisseurs sur le pare-chocs
- Deux volets d'aération sur l'auvent
- Chevrons derrière la grille de calandre l'ensemble étant chromé
- Suspension par barres de torsion et amortisseurs <u>à friction</u>
- Joints à billes ou Tracta 
- Echappement à l'avant du moteur, puis ensuite à l'arrière à travers le jambonneau
- Suspension Plymouth du moteur

Différences avec la 7 Cv
- Puissance fiscale 11 Cv
- Accoudoirs sur les passages de roues arrière
- Intérieur plus luxueux en peluche
- Brassières
- Phares plus gros que la 7 Cv (220 mm) avec portes de phares chromées

11/1

CITROËN

1935

11 AL (légère) Châssis N° 351.501 à 353.400

11 A (normale) Châssis N° 103.301 à 107.400

Modèles fabriqués en série :
- Berline
- Cabriolet
- Coupé
- Familiale
- Limousine

Identiques aux modèles 1934, jusqu'en Mai 1935

MAI 1935 —
- **ESSIEU CRUCIFORME** et non plus tubulaire
- Traverse tubulaire de fixation du train AR (et non plus caisson) 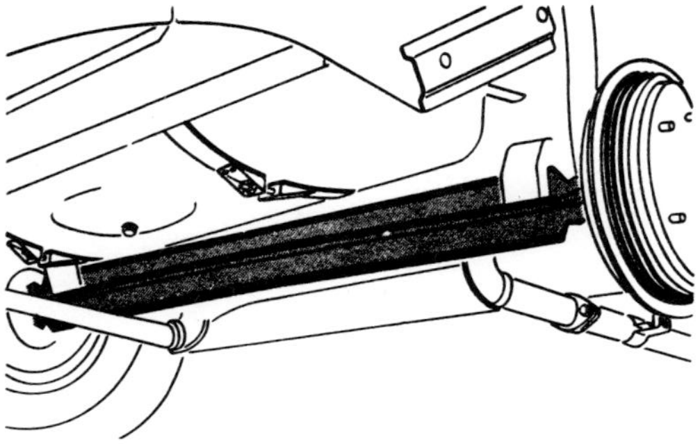
- Train avant renforcé
- Sièges tubulaires
- Commodo à deux palettes sur tous modèles

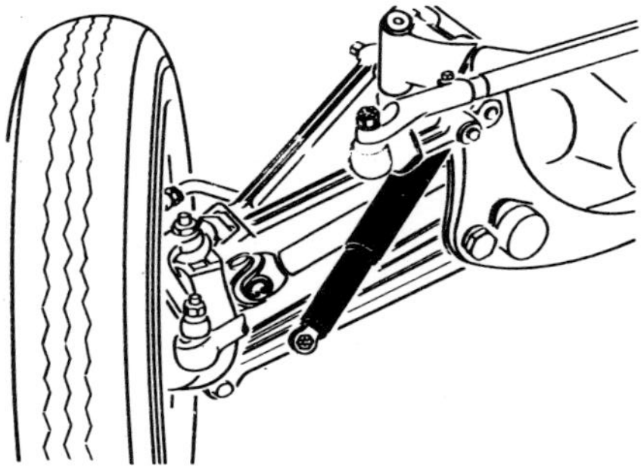

MAI 1935
- Amortisseurs Télescopiques AV et AR et non plus à friction

SEPTEMBRE 1935
- **MALLE AR** avec porte extérieure
- Un seul orifice de remplissage d'essence

DECEMBRE 1935
- Avertisseurs sous les ailes, derrière des grilles rondes (et non plus sur le pare-chocs)

201

CITROEN —

Modèles fabriqués en série :
— Berline
— Cabriolet
— Coupé
— Familiale
— Limousine

1936
11 AL   Châssis N° 353.401 à 356.000
11 AL - Crémaillère
         Châssis N° 356.001 à 358.800
11 A   Châssis N° 107.401 à 113.000
11 A - Crémaillère
         Châssis N° 113.001 à 116.600

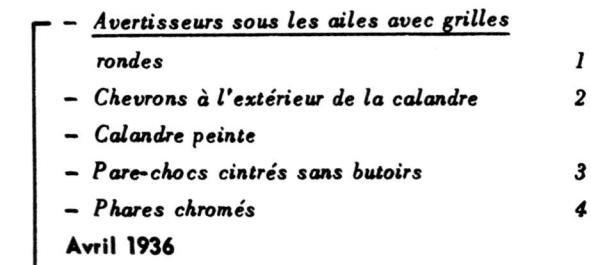

— *Avertisseurs sous les ailes avec grilles rondes*   1
— *Chevrons à l'extérieur de la calandre*   2
— *Calandre peinte*
— *Pare-chocs cintrés sans butoirs*   3
— *Phares chromés*   4
  Avril 1936
— *Direction à double palier*

MAI 1936
— *Un seul volet d'aération sur l'auvent*   5

➔ **15 MAI 1936** — Châssis N° 356.001 - Type 11 AL
                    Châssis N° 113.001 - Type 11 A — DIRECTION A CREMAILLERE
— *Echappement à l'avant du moteur sans flexible et non plus à travers le jambonneau*

MAI - JUIN 1936   **TABLEAU DE BORD SOUS LE VOLANT**
— *Montre au milieu de la planche de bord*   1

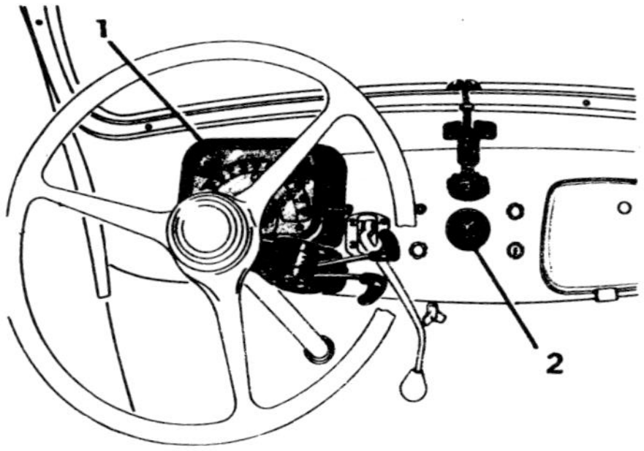

— *Tambours six tocs*   2

CITROEN

1937

11 AL	Châssis N° 358.801 à 360.000
11 AM	Châssis N° 360.001 à 360.315
11 A	Châssis N° 116.601 à 118.000
11 BL	Châssis N° 360.501 à 386.000
11 B	Châssis N° 118.001 à 127.300

Modèles fabriqués en série :
- Berline
- Roadster
- Coupé
- Familiale
- Limousine

FÉVRIER 1937 — **Fin des séries A - Lancement des séries B et BL**
- Nouvelle dénomination des types correspondants à un alignement de finition avec la 7 C
- Carburateur de 22

- Intérieur en drap et non plus en peluche
- Suppression des brassières
- Suppression des accoudoirs latéraux AR sur la 11 BL
- Phares plus petits (20 cm) avec portes aux chromes plus minces

1er Mai 1937
- Trappe de visite pour le réservoir d'essence

1er JUIN 1937
- Suppression des ouïes d'avertisseurs sur les ailes avant
  Avertisseurs montés sur le couvercle de la boîte de vitesses

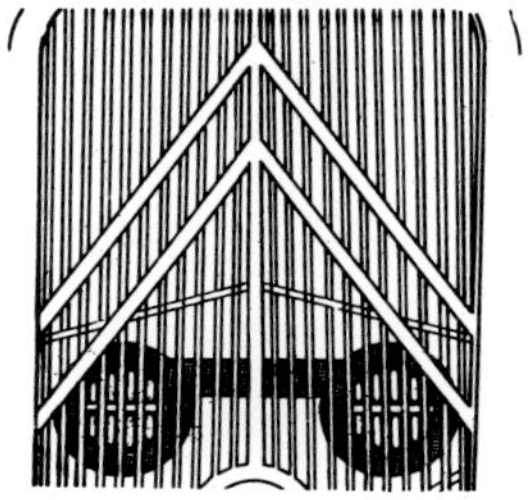

20 OCTOBRE 1937
- Commodo actuel   1 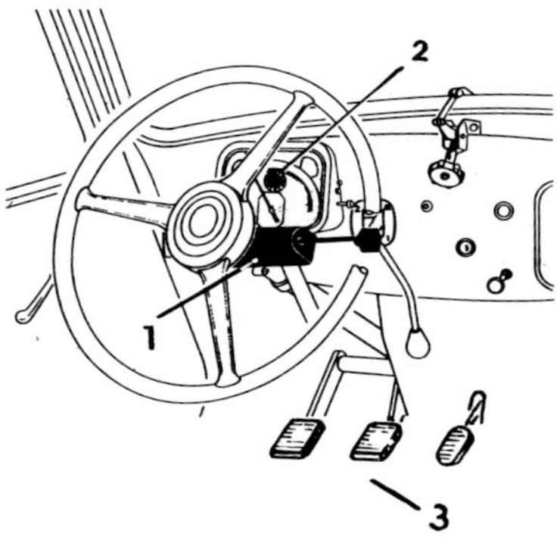
- Montre dans le tableau de bord   2
  et non plus seule au centre
  de la planche de bord
- Pédales carrées   3
  11 B   Châssis N° 125.150 le 1er Octobre | Tambours de fonte
  11 BL Châssis N° 375.000 le 15 Décembre |

Le reste comme en 1936, c'est-à-dire :
- Capot aéré par quatre volets
- Pare-chocs sans butoirs
- Pas de baguettes sur les portières
- Rétroviseur en haut du pare-brise
- Chevrons peints, tableau de bord sous le volant, sièges tubulaires, etc...

Reproduction interdite

203

CITROEN

Modèles fabriqués en série :
- Berline
- Roaster
- Coupé
- Familiale
- Limousine

1938

11 BL   Châssis N° 386.001 à 387.600
11 BL « PILOTE »
         Châssis N° 387.601 à 422.400
11 B   Châssis N° 127.301 à 127.500
11 B « PILOTE »
         Châssis N° 127.501 à 139.200
11 C « PILOTE »
         Châssis N° 290.000 à 291.200

Jusqu'au 15 Janvier 1938, identique au modèle Octobre 1937, c'est-à-dire :

- Commodo type actuel, remplaçant le modèle à deux palettes
- Montre dans le tableau de bord (et non plus au centre de la planche de bord)

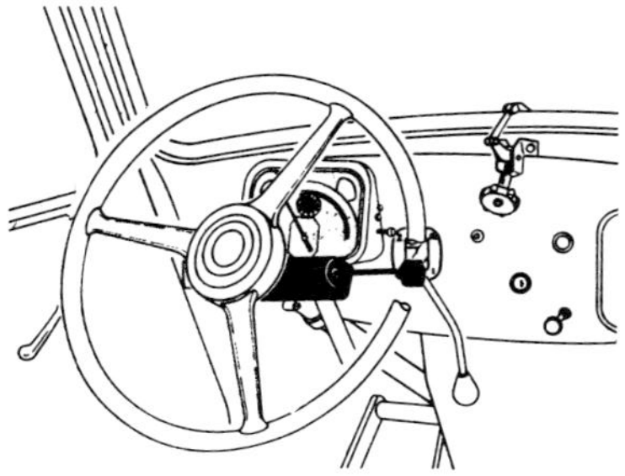

N.B.- Les voitures sorties avec les roues pleines, après le 10 Janvier 1938, comportaient cependant des ailes élargies en prévision de l'adaptation des « Roues Pilotes »

→ **17 JANVIER 1938**

- Sortie des 11 B et 11 BL « PILOTE »
- ROUES PILOTE 165 × 400
- Ailes larges (plus débordantes de la coque)

Les 11 B familiales ne sont équipées de roues « pilote » que le 15 Avril 1938

1er MARS 1938   - Verrouillage des vitesses par l'embrayage
1er AVRIL 1938   - Sortie de la **Commerciale**
1er JUILLET 1938 - Garnitures intérieures à coins arrondis sur la 11 BL

25 NOVEMBRE 1938

- Chauffage intérieur

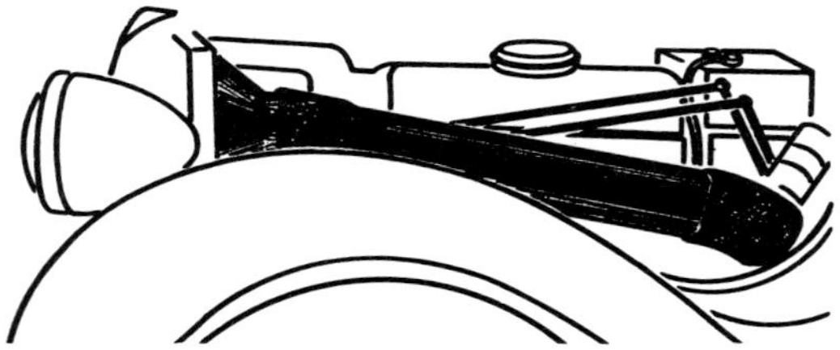

11/3

204

CITROEN

1939

11 BL	Châssis N° 422.400 à 428.000
11 BL « PERFO »	Châssis N° 428.601 à 450.000
11 B	Châssis N° 139.201 à 143.000
11 B « PERFO »	Châssis N° 143.001 à 152.350
11 C	Châssis N° 291.200 à 293.500

Modèles fabriqués en série :
- Berline
- Roadster
- Familiale
- Commerciale

20 JANVIER 1939
- Suppression du contreplaqué à l'intérieur de la porte du coffre arrière
- Chevrons en ALU et non plus peints

1er FEVRIER 1939
- Carrosserie insonorisée
- Sur 11 B, garnitures intérieures à coins arrondis (dès Juillet 1938 sur la 11 BL)
- Le reste comme en 1938

➔ 10 MARS 1939
- Châssis N° 428.601 (11 BL) et 143.001 (11 B)
- SORTIE des MODELES 11 Cv PERFORMANCE (compression 6,2) coïncidant avec celle de la 7 Economique
- Bielles allégées
- Carburateur inversé avec filtre tubulaire en long

- Passage du levier de vitesses rectangulaire, avec indices vitesses en chiffres ROMAINS et non plus en chiffres arabes

- Compteur de vitesses gradué jusqu'à 150 au lieu de 130

18 JUILLET 1939 - Dossier arrière accroché et non plus articulé

15 NOVEMBRE - Renforcement de l'avant de coque

1940

11 BL - Perfo -	Châssis N° 450.001 à 454.500
11 B - Perfo -	Châssis N° 152.351 à 154.300
11 Commerciale-	Châssis N° 292.000 à 293.500

Modèles fabriqués en série :
- Voir 1939

Sans modifications par rapport à 1939

Reproduction interdite

205

CITROEN

1946 11 BL Châssis N° 457.600 à 469.600 — Berline

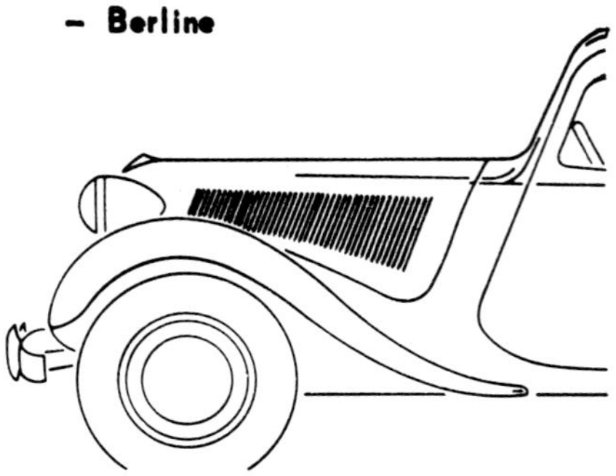

Identique au modèle 1939/40
mais :

MAI 1946 - Remplacement des quatre volets d'aération par crevés verticaux de capot

13 NOVEMBRE 1946
- Remplacement des roues pilote par des roues pleines Michelin Type B.M. (bon marché)
- Plaquette CITROEN sur les pare-chocs

1947 REPRISE DE LA 11 B

11 BL Châssis N° 469.601 à 488.200
11 B   Châssis N° 154.770 à 156.600

Modèles fabriqués en série :
— Berline

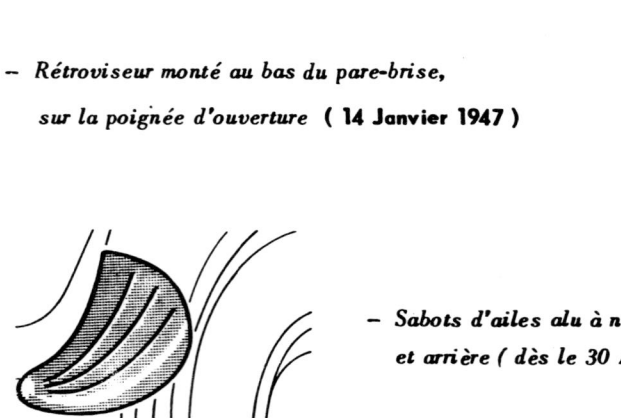

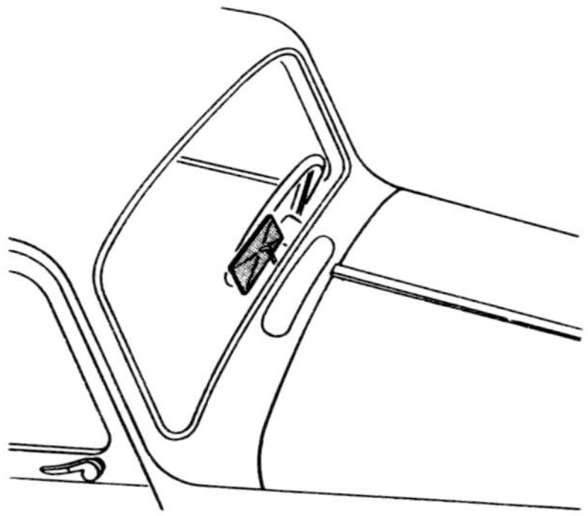

- *Rétroviseur monté au bas du pare-brise, sur la poignée d'ouverture (14 Janvier 1947)*
- *Butoirs de pare-chocs*
- *Sabots d'ailes alu à nervures au bas des ailes avant et arrière (dès le 30 Août 1946 sur certaines voitures)*
- *Certaines séries sont sorties sans montre de tableau de bord (de Mars à Septembre)*

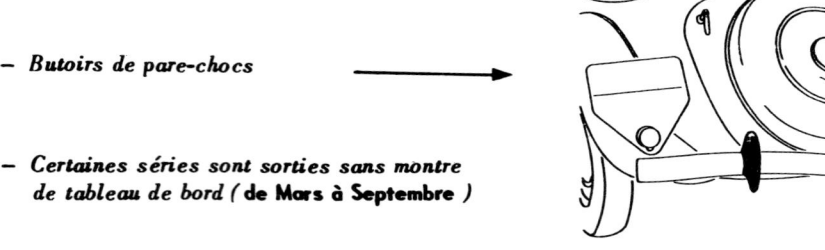

— CITROEN

1948 11 BL   Châssis N° 488.201 à 508.800
         11 B   Châssis N° 156.601 à 163.950

Modèles fabriqués en série :
- Berline

- Baguettes chromées de portières
- Carrosserie noire perlée (gris fumé foncé)

- Sabots d'ailes quadrillés

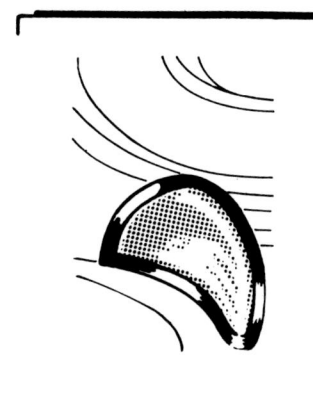

Le reste sans changement (voir 1947)

1949 11 BL   Châssis N° 508.801 à 531.500
         11 B   Châssis N° 163.951 à 177.700

Modèles fabriqués en série :
- Berline

- Une seule couleur - NOIRE
- Roues de teinte IVOIRE

Juillet 1949 —

- Tableau de bord à fond BLANC et non plus noir
- Le reste comme en 1948, c'est-à-dire :
  Crevés sur le capot
  Sabots d'ailes quadrillés en alu
  Butoirs de pare-chocs
  Baguettes chromées sur les portières
  Volant noir à trois branches

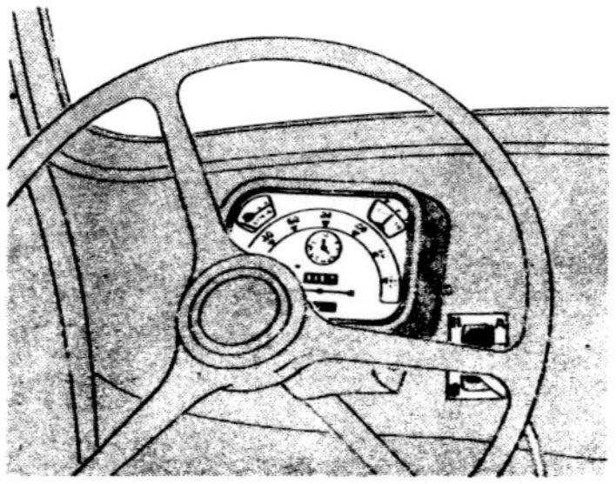

NETTOYER UNE V.O., C'EST AUSSI NETTOYER LA MALLE ET L'OUTILLAGE.

Reproduction interdite

207

CITROEN

Modèles fabriqués en série :
- Berline

1950 11 BL   Châssis N° 531.501 à 556.200
       11 B   Châssis N° 177.701 à 195.500

NOVEMBRE 1949
- Remplacement des sièges tubulaires par des sièges PULLMAN

FEVRIER 1950
- Taux de compression 6,5 , avance réglable

AVRIL 1950
- Moyeux fendus pour éviter des déformations du tambour au serrage des roues

MAI 1950
- Carburateur de 32 avec filtre parallèle à l'axe du moteur, marque VOKES ou MIOFILTRE (Vokes seul au début)
- Pompe à eau à joint Cyclam au lieu de presse étoupe
- Carburateur ZENITH 32 INA ou SOLEX 32 PBIC

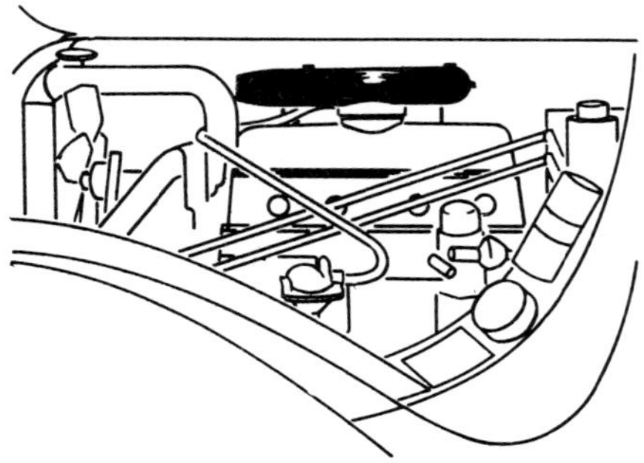

SEPTEMBRE 1950
- Volant noir à deux branches
- Baguettes chromées et chevrons au centre de la planche de bord
- Boutons ovales et nickelés

Modèles fabriqués en série :
- Berline

1951 11 BL   Châssis N° 556.201 à 582.200
       11 B   Châssis N° 195.501 à 212.100

JANVIER
- Nouvelle jauge souple et plus longue 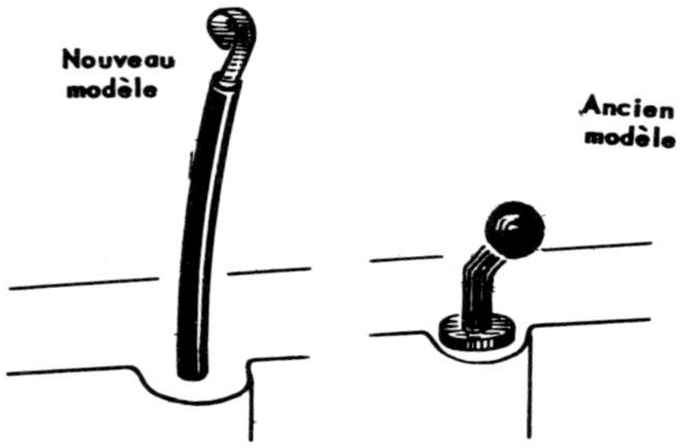
- Tissu rayé plus foncé

Le reste comme en 1950 :
- Volant deux branches noir, baguettes et chevrons sur la planche de bord, tableau de bord blanc

Ancien modèle

Nouveau modèle

208

CITROEN

1952 11 BL Châssis N° 582.201 à 612.000
       11 B   Châssis N° 212.101 à 236.600

Modèles fabriqués en série :
- Berline

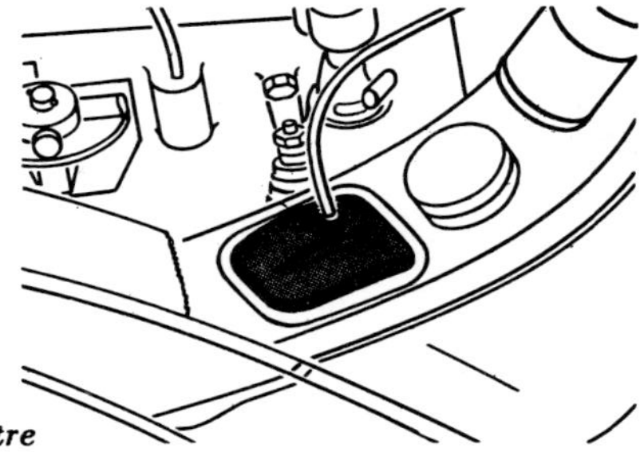

→ **AVRIL — NOUVEAU PEDALIER SURELEVE**
- Maître cylindre à l'intérieur du jambonneau Gauche (sous une trappe)

FIN JUIN 
- Suppression de la montre

NOUVELLE PLANCHE de BORD avec cendrier
- Encadrement gris perle des glaces et du pare-brise
- Poignée d'ouverture de pare-brise recouverte de caoutchouc
- Volant toujours noir

ESSUIE-GLACE EN BAS DU PARE-BRISE

NOUVELLE SELLERIE
- Drap de pavillon gris
- Siège gris
- Plage arrière étroite sous la lunette AR de custode

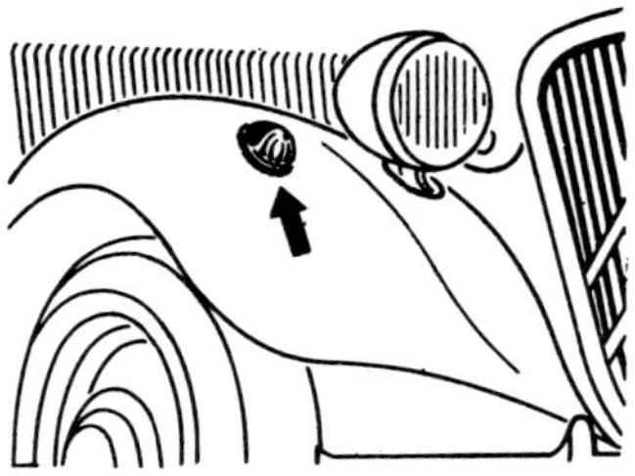

CLIGNOTANTS OBLONGS
- sur les ailes avant et les côtés de custode

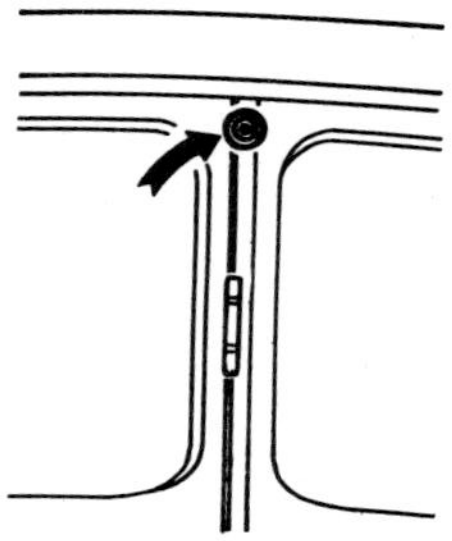

- Feux de position en haut du pied-milieu

Juillet - roues percées de 4 trous

→ **15 JUILLET 1952**
- Malle arrière saillante avec roue de secours verticale à l'intérieur
- Charnières peintes
- Pare-chocs droits

1
2
3

1953
11 BL Châssis N° 612.001 à 636.900
11 B   Châssis N° 236.601 à 270.800

Modèles fabriqués en série :
– Berline
– Familiale

Identique au dernier modèle 1952
MARS – *Suspension du moteur plus souple*
FIN SEPTEMBRE - *Reprise de la 11 Cv familiale*

1954
11 BL Châssis N° 636.901 à 652.801
11 B   Châssis N° 270.801 à 299.999
11 F   Châssis N° 400.001 à 403.600
11 C   Châssis N° 293.563 à 295.000
           et
           300.001 à 301.000

Modèles fabriqués en série :
– Berline
– Commerciale
– Familiale

– *Couleurs de série :*
Gris perle
Bleu d'Islande
Noir

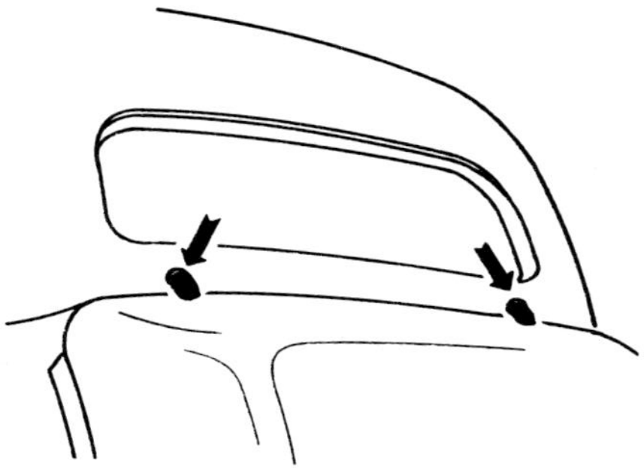

– Charnières de malle et bouchon de réservoir **chromés**
  (ils étaient peints en 1952 et 1953)

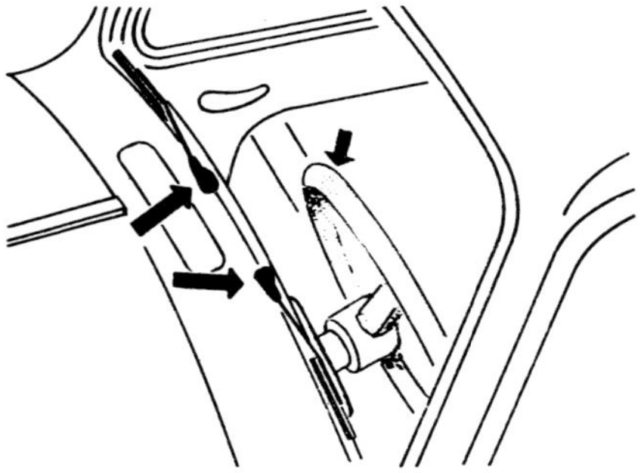

– Pattes d'essuie-glace **chromées**
  (elles étaient peintes en 1952 et 1953)

– VOLANT GRIS

SALON 1954 - reprise de la fabrication des **COMMERCIALES**

CITROËN

1955

11 BL	Châssis N° 652.551 à 667.400
11 B	Châssis N° 403.601 à 427.300
11 F	
11 C	Châssis N° 301.001 à 304.940

Modèles fabriqués en série :
- Berline
- Commerciale
- Familiale

- Couleurs de série :
  Gris perle
  Bleu d'Islande
  Bleu nuit
  Gris bruyère
  Noir

10 MAI 1955 — MOTEUR 11 D

Moteur 11 D – *Inscription 11 D sur le bloc moteur* — 1
- Orifice de remplissage d'huile en avant avec tube long, et non plus au centre du couvre-culasse — 2
- Filtre de carburateur en travers de l'axe du moteur — 3

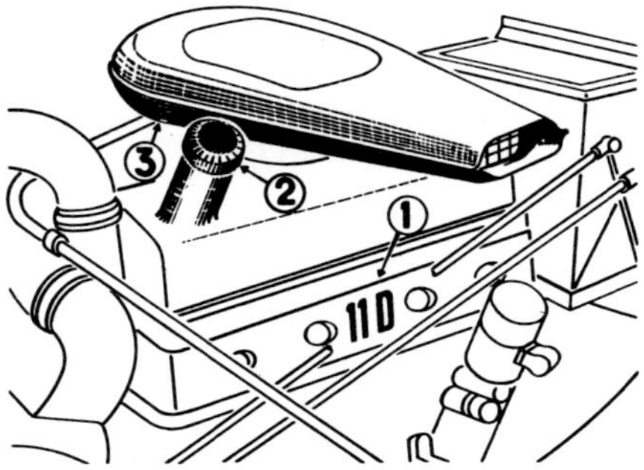

15 JUILLET 1955

- Nouveau carburateur :
  Solex 33 PBIC ou
  Zénith 36 WI
- Suppression du joint Oldham de l'arbre de commande, entraînement par cannelures

JUILLET 1955

- Cardans protégés par un caoutchouc

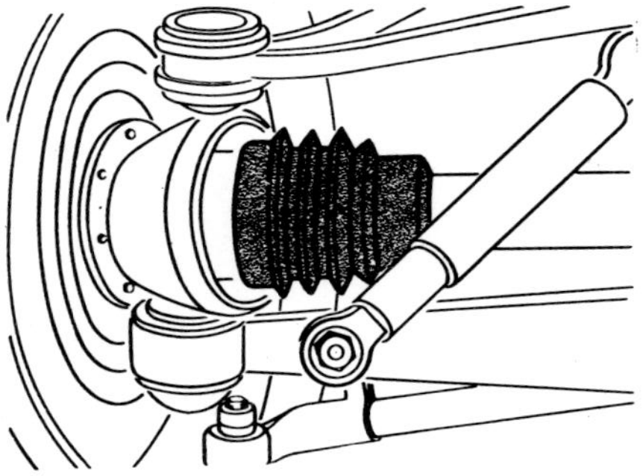

CITROEN
Type 15

15 Six - début 1952 .

Le N° de châssis se trouve

En double

- Sur la plaque de constructeur, au bord externe du jambonneau droit (sens marche) - côté tablier.
- Matricé sur le haut du jambonneau opposé, à droite de la bobine.

Puissance fiscale 16 CV

La plupart des modifications de ce modèle sont les mêmes que celles apportées à la 11 Cv, mais avec une avance de quelques semaines, aussi ne traiterons nous que des modifications spécifiques de la 15 Cv.

Par son aspect extérieur la 15 Cv s'identifie aisément :

- Capot plus long que la 11 Normale,
- Calandre chromée,
- Pneus plus forts,
- Monogramme 15 - 6 cylindres sur la calandre et sur l'aile AR droite ou la malle arrière,
- Présentation plus luxueuse,
- Flèches de direction avant 1952.

Dès sa sortie, la 15 Cv présentait un capot ventilé par crevés obliques et non par volets.

Les moteurs tournant à gauche ont l'entrée de la manivelle en bas de la calandre. Les moteurs dont le sens de rotation est à droite, sont munis d'une plaque dont le numéro comporte les lettres « P. J. », leur entrée de manivelle est plus haute que sur les modèles précédents ; cette manivelle attaque l'arbre de commande de boîte de vitesses et non plus l'arbre intermédiaire.

15/1

Reproduction interdite

213

CITROEN
15 SIX

Modèles fabriqués.

1938 Lancement de la 15 SIX - le 24 Juin 1938
- Quelques exemplaires
— Berline
— Familiale

1939 15 SIX G   Châssis N° 680.000 à 682.000 — Berline

1940 à 1945 - arrêt de fabrication

1946 15 SIX G   Châssis N° 682.479 à 682.690 — Berline

1947 15 SIX G   Châssis N° 682.691 à 682.729 — Berline

- Sens de rotation du moteur à gauche, entrée de manivelle basse   1
- Pare-chocs cintrés   2
- Pas de volets sur les côtés de calandre   3

- Roues pilote en 1939
- roues BM le 13 Novembre 1946

Pour les modifications communes à la 11 Cv et à la 15 Cv. voir la 11 Cv des mêmes années.

1947 15 SIX D   Châssis N° 682.730 à 682.800 — Berline

1948 15 SIX D   Châssis N° 682.801 à 685.500 — Berline

1949 15 SIX D   Châssis N° 685.501 à 691.600 — Berline

↑ 30 Avril 1947 - châssis N° 682.730 - sortie de la 15 SIX D

- Sens de rotation à droite
- Entrée de manivelle haute
- Lettres P.J. sur la plaque de moteur   1
- Pas de volets latéraux sur les côtés de calandre   2

Pour les modifications communes à la 11 Cv et à la 15 Cv voir la 11 Cv des mêmes années.

CITROEN 15 SIX

Modèles fabriqués :

1950 15 SIX D Châssis N° 691.601 à 701.600 — Berline

1951 15 SIX D Châssis N° 701.601 à 713.100 — Berline

En Juin 1950
- *Volets d'aération sur les côtés de calandre*

Pour les modifications communes à la 11 Cv et à la 15 Cv, voir la 11 Cv des mêmes années.

1952 15 SIX D Châssis N° 712.101 à 721.650 — Berline

1953 15 SIX D Châssis N° 721.651 à 723.710 — Berline
— Familiale (Fin Sept. 53)

En 1952, toutes les modifications de la 11 Cv se retrouvent sur la 15 Cv

- Essuie-glaces en bas du pare-brise
- Clignotants
- Nouveau tableau
- Malle, etc....

- de plus, pare-chocs nervurés et chromés, intérieur en velours gris

Pour les modifications communes à la 11 Cv et à la 15 Cv, voir la 11 Cv des mêmes années.

Reproduction interdite

CITROEN
15 SIX

Modèles fabriqués :

1954
15 SIX D   Châssis N° 723.711 à 724.950   — Berline
                                                                                                                 — Familiale
15 SIX H   Châssis N° 726.001 à 727.680   — Berline seulement

1955
15 SIX D   Châssis N° 724.951 à 725.390   — Berline
                                                                                                                  — Familiale
15 SIX H   Châssis N° 727.681 à 729.062   — Berline seulement

Sortie de la 15 Familiale - en Septembre 1953

— Sortie de la 15 P. le 24 Avril 1954, parallèlement à la 15 Six D à suspension classique

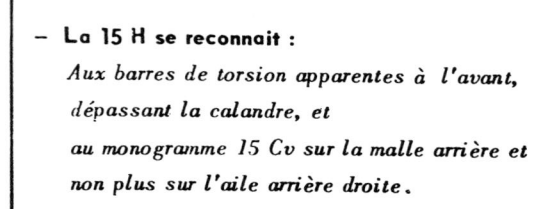

— La 15 H se reconnaît :
Aux barres de torsion apparentes à l'avant, dépassant la calandre, et au monogramme 15 Cv sur la malle arrière et non plus sur l'aile arrière droite.

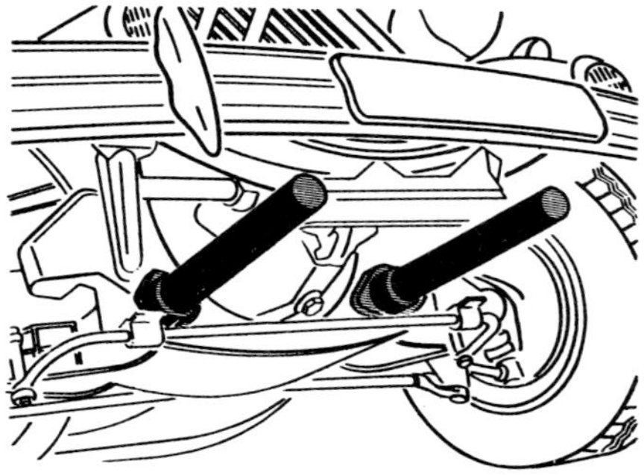

— Pompe et réservoir de liquide du système hydraulique à gauche du moteur

Pour les modifications communes à la 11 Cv et à la 15 Cv, voir la 11 Cv des mêmes années.

— Fabrication de la 15 Cv arrêtée le 25 Septembre 1955, ne seront fabriqués ensuite que quelques modèles spéciaux destinés à des carrossiers.

ANNEXE 2

Bibliographie

Revues techniques :

Service (revue mensuelle pratique de mécanique automobile).
N° hors série sur la Traction avant de mars 1938.
Service : Citroën T.A. 15 cv. N° 37 du 25-5-1939.
Service : Citroën T.A. 11 cv. Hors série, avril 1947.
Édité par ERSA :
Conseils pour la réparation et l'entretien des voitures
à T.A. juillet 1936, *1re édition* (couverture jaune).
2e édition, octobre 1936 (couverture jaune).
3e édition, janvier 1937 (couverture rouge).
Revues Techniques Automobiles (R.T.A.) :
— N° 9, janvier 1947 : Citroën 7 et 11 cv.
— N° spécial, avril 1947 : Citroën 7 et 11 cv.
— N° 39, juillet 1949 : la Citroën 15/6.
— N° spécial de 1949. Réédition du n° 9 de janvier 1947.
— N° 109, mai 1955 : la suspension hydropneumatique des 15/6 H.
— N° 127, novembre 1956 : étude des Citroën 11 D (moteur et voiture).
— N° spécial 1973.
Réédition complète, extraite des nos 9, 39, 109 et 127 de *R.T.A.*
— N° spécial 1975.
Archives du Collectionneur. Les T.A. Tous modèles. Diffusion E.P.A.

Revues :

Revue L'automobiliste :
N° 37 : la T.A. Citroën. 1re partie, 1975.
N° 38 : la T.A. Citroën. 2e partie, 1975.
N° 40 : les 22 et 15/6, 1975.
L'anthologie automobile : N° 29, 1973.
Revue « Traction Avant » :
Trimestrielle uniquement, sur les T.A. tous types.
Éditée par le Club de la Traction Universelle.

Articles de revues ou journaux :

Un joueur génial : André Citroën. De Paul Brancafort.
Historia hors série n° 11, 1968. 11 pages.
La légende de Citroën. Jean Cau. *Paris-Match* 18-1-75. N° 1338.
André Citroën : un grand Patron, une grande époque.
L'Automobile de janvier 1974.
Historique de tous les modèles : *Automobile,* mars, avril, mai, juin 1968.
De la Citroën à la C.X. *Alpha Auto.* N°s 55 et 56.
Une reine de 35 ans. *Auto-journal* du 15 avril 1973. N° 7, 2 pages.
La 22 cv 8 cyl. Citroën, par P. Dumont. *Le Fanatique* n° 19, 1969.
Cabriolets et faux cabriolets T.A. P. Dumont, *Le Fanatique* n° 24, avril 1970.
Citroën la 15/6. P. Dumont, *Le Fanatique* n° 51, octobre 1972.
Les premières T.A. 1re partie, P. Dumont. *Le Fanatique* n° 54, janvier 1973.
Les premières T.A. 2e partie, P. Dumont. *Le Fanatique* n° 55, février 1973.
La T.A. de la 7 B à la 11 D. P. Dumont, *Le Fanatique* n° 62, octobre 1973.
Le cabriolet 11 N. *Sport Auto* n° 133, février 1973.
La Citroën 15/6 de 1954. *L'Automobile* n° 346, avril 1975.
2 « 15/6 », *Auto-Journal* du 8 avril 1971.
Le gang des Traction Avant. Gossart, *Sport Auto* n° 135, avril 1973.
La Revue des agents du 31 mai 1953 (en épisodes à suivre).
Omnia n° 168. Nouvelle série de mai 1934.

Livres techniques :

Votre Citroën 7, 11, 15 :
Éditions pratiques automobiles, 7 éditions (de 1950 à 1957).
Édité et mis à jour depuis 1934 jusqu'en 1957 par l'usine Citroën :
Catalogue de pièces détachées 7, 9, 11 et 15 séparé.
Dictionnaire de réparations 7, 9, 11, 15 et 15 H séparé.
Dictionnaire de carrosseries 7, 9, 11 et 15.
Pour le garagiste :
Par Louis Rouget, 1939. Dunod éditions;
et 1954. Dunod éditions.
Couverture différente en 1954.
Guide du chauffeur d'automobile :
De M. Zérolo. Garnier éditeur. 1re édition, 1934.
2e édition : 17-8-1935.

Imprimé spécialement à part :

Étude de la Citroën 7 et 11 à T.A.
1939. Éditions Veuve Victor Lefèvre et M. Baron.
Tiré de *Le Catalogue des Catalogues.*
Édition 1938 présentant les voitures Citroën 7 et 11 cv.
La Traction AV Citroën :
Par Pierre Denis. 1re édition, 1938.
7e édition, 1947.
Publié à compte d'auteur chez Lavauzelle et Cie, imprimeur.
Les Citroën à Traction avant :
Par Roger Guerber :
1re édition : 1948 (couverture orange);
2e édition : 1951 (couverture verte);
3e édition : 1959 (couverture bleue).
Techniques et Vulgarisation éditions.
Comment entretenir et réparer une T.A. :
Par N.-L. Erpelding :
1re édition : 4e trimestre 1949. Couverture jaune.
2e édition : 2e trimestre 1957. Couverture verte
(avec en plus DS 19 et ID 19).
Éditions Chiron.
Toute la technique de la T.A. Citroën 9, 11, 15.
Édité par *Moto-Revue, L'Actualité automobile* et *Le Courrier des agents.*
1re édition, 1949. Couverture verte. 2 couvertures différentes, 6 éditions.

Livres :

Quai de Javel, Quai André Citroën, tomes 1 et 2. Pierre Dumont. Éditions E.P.A.
Mes 400 000 km, par François Lecot, 1937. Éditions Lugdunum.
La Tragédie d'André Citroën, par Sylvain Reiner, 1954. Éditions Amiot-Dumont.
L'aventure est au bout du quai, par Sylvain Reiner, 1977. Éditions Olivier Orban.
L'Histoire d'André Citroën, par Charles Rocherand, 1938. Éditions Lajeunesse.
Citroën le précurseur, de Norroy. Éditions Desforges.
50 ans d'automobile, J.-A. Grégoire. Éditions Flammarion.
Almanach Citroën 1935.
La Traction, Borgé-Viasnoff, 1974. Éditions Balland.
Citroën 1919-1939. Delpire, 1967.
André Citroën, les chevrons de la gloire, Fabien Sabatès, Sylvie Schweitzer, 1980. Éditions E.P.A.
Le grand livre de la Traction avant, 7, 11, 15, 22, par Olivier de Serres, 1984. Éditions E.P.A.

Fabien SABATÈS

Crédits photographiques

Almasy 153
Bellu 59
Bertoni 11
Borgé, Viasnoff 8, 9, 12, 13, 14, 15, 16, 18, 20, 22, 24, 25, 27, 33, 50, 56, 57, 105, 110
Bundesarchiv 64, 65, 66, 67, 69, 70, 71, 72, 73, 74, 76, 77, 78, 79, 80, 81, 82, 84, 85, 86, 87, 110, 150, 151, 153
Citroën 33, 36, 37, 38, 39, 46, 47, 49, 170, 173, 182, 184, 185, 186, 187
Lucien Copin 60, 61
Droits réservés 21, 51, 53, 65, 68, 75, 94, 95, 104, 111, 112, 113, 114, 115, 116, 117, 120, 121, 122, 123, 124, 125, 126, 127, 128, 129, 130, 131, 132, 133, 134, 135, 141, 142, 143, 144, 145, 146, 147, 149, 154, 157, 158, 159, 162, 163, 164, 167, 169, 171, 172, 174, 176, 177, 178, 183
Dufour 138
ECPA 80, 81, 82, 83, 86, 88, 89, 98, 99, 100, 101, 148, 156, 165, 166
Esclassan 179
Guerrini 17
Hauvette 42
Hérault 140
Impérial War Museum 96, 97
Keystone 34, 35, 38, 39
Lundberg 54, 55
De Moncan 16, 17, 40, 48
Jean-Louis Pichard 52, 108, 109, 139
Puiseux 58
Fabien Sabatès 14, 28, 29, 106, 107, 148, 150, 152, 155, 160, 161, 164, 168, 169, 180, 181, 187
Séruzier 90, 91, 92, 93
Pierre Terrasson 6, 7, 30, 31, 41

*Nous remercions tous ceux qui nous ont aidé pour cet ouvrage :
Gilles Blanchet, le Service des relations publiques de Citroën,
Peter Eppendahl, Alphonse Forceau, Maître Pierre Fouquet, président du Cercle Citroën,
M. Gagnepain, Jacques Guerrini, Serge Guyard-Gravier,
Gilbert Hatry, M. Hauvette, Lucien Hérault, Henrik Lundberg,
Jean de Moncan, Dominique Pascal, Jean-Louis Pichard,
M. et M*me *Roger Prud'homme, Robert Puiseux, Pierre Terrasson.
Et plus particulièrement :
Alain Dollfus, Fabien Sabatès et Olivier de Serres.*

ACHEVE D'IMPRIMER
SUR LES PRESSES DE
L'IMPRIMERIE JEAN LAMOUR, 54320 MAXEVILLE
EN JANVIER 1992 - N° 91120089
IMPRIME EN FRANCE